WELT

DESARROLLADORA

Desarrolladora

WELT II

Welt: una apuesta por hacer ciudad

Miquel Adrià

Desarrolladora Welt II es el segundo libro que reúne las obras construidas por la desarrolladora homónima. La entrega anterior, publicada en 2017, mostraba sus primeros pasos. Esta segunda colección con los trabajos realizados de 2016 a 2023 ya no es una promesa ni una muestra de intenciones, es el resultado de una trayectoria consistente, sólida y perseverante que ofrece vivienda de calidad a la ciudadanía. Es el resumen de esfuerzos de un equipo que ha mantenido el rumbo trazado años atrás contra viento y marea, que consiste en una estrategia equilibrada entre oferta y demanda, buena ubicación y arquitectura, un producto de mercado y un diseño de autor. Es una desarrolladora, como describe Jaime Báez, con principios. Apuntaba en fechas recientes que, hay consenso en que una ciudad densa y compacta es más eficiente que la ciudad dispersa. Principalmente, las ciudades aumentan de tamaño a través de dos mecanismos: se densifican o se expanden; es decir, crecen en vertical o en horizontal. Densificar significa agregar superficie de construcción dentro de los límites existentes de la ciudad, mientras que la expansión significa agregar nuevas superficies al margen de estos límites.[1]

En ese sentido, Welt participa directamente en la redensificación de colonias centrales de la Ciudad de México, como Roma, Del Valle, Santa María la Ribera, Moderna, Buenavista, Popotla, Narvarte, y como la Americana en Guadalajara, todas consolidadas, bien comunicadas con el resto de la ciudad, con todo tipo

1 Miquel Adrià, *Vivienda colectiva. Estrategias para la redensificación urbana*, Arquine, México, 2022, p. 11.

de equipamientos que atienden a una clase media intergeneracional. La mitad de los edificios que se presentan en este libro cuentan con un local comercial y sólo uno es de oficinas.

El tamaño y la mesura de los proyectos también tienen la virtud de lo específico, controlable y personalizado, lo propio si cabe. La escala queda lejos de las grandes unidades habitacionales que, más allá de sus virtudes tipológicas y los generosos espacios comunes, tenían una relación ríspida con la ciudad y se sentían aisladas e impermeables en muchos casos. Se trata de edificios de ocho, 12, 20, 32 y, en un caso excepcional, 52 departamentos, para comunidades de vecinos capaces de autogestionarse y administrarse, que se conocen y, presumiblemente, se cuidan entre ellos. Esta dimensión permite la redensificación sin modificar la morfología urbana al insertarse en cuadras chimuelas y lotes baldíos.

En términos de tipología, estas obras también aportan valor. Se centran en lo específico, la diversidad, de manera que rescatan fachadas preexistentes, conservan los árboles y se inspiran en tipologías clásicas, que van de las vecindades del Centro Histórico de la Ciudad de México a las viviendas en hilera o *town houses*. El objetivo es ofrecer variedad. Numerosas propuestas desarrollan vivienda en vertical y privilegian esos elementos arquitectónicos complementarios, como terrazas, balcones, *roof gardens* y espacios comunes, que consideramos fundamentales después de la pandemia. La relación de estos proyectos con la calle, el barrio y la ciudad también retoma esas complejidades, a veces con una fachada fragmentada o con el uso particular de un material. En cualquier caso, se expresa la integración con el contexto urbano sin mimetizarse, sino añadiendo valor.

La miscelánea de obras de Welt tiene mucho en común a partir de un rumbo definido para ofrecer al mercado espacios asequibles que apuestan por la diversidad tipológica sin salirse de los límites de la oferta y la demanda. Los edificios con singularidad arquitectónica y calidad constructiva agregan el valor del diseño al costo del metro cuadrado. Las diez propuestas fueron diseñadas por oficinas de reconocido prestigio para sumar poco más de 150 viviendas, casi todas distintas, casi personalizadas, y erigidas antes y después de una pandemia que nos enseñó cómo habitar mejor.

Si el primer libro mostraba una serie de trabajos que se iba decantando por la calidad de la arquitectura y reflejaba cierto optimismo compartido en un ejercicio continuo de prueba y error que iría perfilando un producto cada vez más ajustado y sofisticado, el segundo recuento manifiesta una madurez reflexiva, un ave fénix que exploró y fue un éxito, pero que pasó por un periodo de sequía. Este compendio refleja la superación de una crisis y un paso más en su apuesta por hacer ciudad.

Welt: commitment to making a city

Miquel Adrià

Desarrolladora Welt II is the second book in which the works of the developer of the same name are brought together. The previous installment, which was published in 2017, showed the first steps. This second collection, with works to be carried out from 2016 to 2023, is no longer a promise or a declaration of intentions, but the result of a consistent, solid and persevering trajectory that offers quality housing to citizens. It is the culmination of the efforts of a team that, against all odds, has maintained the course set years ago: a balanced strategy between supply and demand, a good location and architecture, a marketable product and a distinctive design. It is a developer, as Jaime Báez describes, with principles. I recently pointed out that it is agreed that a dense and compact city is more efficient than a dispersed one. Cities grow primarily through two mechanisms: densification and expansion, that is, vertical and horizontal growth. Densification is the addition of building area within the existing city limits, while expansion is the addition of new areas outside of the city limits.[1]

In this sense, Welt is directly involved in the dedensification of Mexico City's central neighborhoods, such as Roma, Del Valle, Santa María la Ribera, Moderna, Buenavista, Popotla, Narvarte, and Amerciana in Guadalajara, all of which are consolidated, well connected to the rest of the city, with all types of facilities that cater to an intergenerational middle class. Half of the buildings in this book have retail space. Only one is an office building.

1 Miquel Adrià, *Vivienda colectiva. Estrategias para la redensificación urbana*, Arquine, México, 2022, p. 11.

The size and scope of the projects also have the advantage of being specific, controllable, and personalized, to the extent that this is possible. The scale is far from the large housing units that, beyond their typological virtues and generous common spaces, had a rough relationship with the city and felt isolated and impermeable in many cases. These are buildings of eight, 12, 20, 32 and, in one exceptional case, 52 apartments, for communities of neighbors capable of self-managing and administering themselves, who know and, presumably, take care of each other. This dimension allows for dedensification without modifying the urban morphology by being inserted in small blocks and vacant lots.

In terms of typology, these works also add value. They focus on the specific, on diversity, rescuing pre-existing façades, preserving trees and drawing inspiration from classic typologies, ranging from the *vecindades* of Mexico City's Historic Center to row housing or town houses. The objective is to offer variety. Many proposals develop vertical housing, privileging those complementary architectural elements such as terraces, balconies, roof gardens and communal spaces that we consider essential after the pandemic. The relationship of these projects to the street, the neighborhood, and the city also echoes these complexities, sometimes with a fragmented façade or the particular use of a material. In any case, integration with the urban context is expressed without mimicking, but adding value.

Welt's various works have a lot in common, based on a defined direction to offer the market affordable spaces, committed to typological diversity, without overstepping the limits of supply and demand. Buildings with architectural uniqueness and quality construction add design value to the cost per square foot. The ten proposals, designed by prestigious firms, add up to a little more than 150 houses, almost all different, almost personalized, built before and after a pandemic that taught us how to live better.

If the first book showed a series of works that opted for the quality of the architecture and reflected a certain shared optimism in a continuous exercise of trial and error that would shape an increasingly refined product, the second account shows a reflective maturity, a phoenix that explored and was successful, but went through a period of drought. This compendium reflects the overcoming of a crisis and a further step in its commitment to making a city.

Resurgiendo de las cenizas

Jaime Báez

A 15 años de la constitución de Welt como sociedad puedo sostener lo que dijo Pablo Pruneda: “su existencia está fundamentada en uno de los valores más importantes: la amistad”. ¿Por qué es importante reiterar este principio? Porque no sólo explica el comienzo y el desarrollo de una idea de empresa, sino que es la única manera de entender que seguimos adelante a pesar de los acontecimientos de los últimos años.

Desde la última vez que escribí al respecto, en 2017, se suscitó una serie de eventos que afectó para siempre la forma de concebir un proyecto inmobiliario. Algunos de estos sucesos trascendieron el ámbito nacional y tuvieron un impacto mundial que acabaría con el negocio inmobiliario como se comprendía en los primeros años del siglo XXI. Es importante recordar el contexto de entonces, durante el décimo aniversario de Desarrolladora Inmobiliaria Welt, S. A. de C. V.

La proyección

Con una década de existencia, Welt se encontraba en pleno crecimiento. Habíamos desarrollado con éxito diez proyectos inmobiliarios que sumaban más o menos 168 departamentos y 18 315 m² de construcción. Contábamos con una reserva territorial y estábamos por ejecutar algunas obras que pretendíamos edificar y vender en los siguientes tres años. Esta planeación contemplaba 11 inmuebles de habitación familiar –174 viviendas y ocho locales comerciales que sumaban casi 22 265 m²– y un edificio patrimonial de oficinas de casi 3 000 m². En la práctica, esto equivalía a un aumento de 38% de todo lo que construimos en diez años o a gestionar 4.5 veces lo que habíamos desarrollado cada año hasta ese momento.

Además del crecimiento proyectado en el sector del desarrollo inmobiliario, la empresa consolidó cuatro alianzas estratégicas con Café para Bien, el restaurante La Casa de la Yeya, Casas Javer de México –el mayor desarrollador inmobiliario del país– y la constitución de Ardantz, el brazo constructor de Welt. Desafortunadamente, no funcionaron como se esperaba.

Factores externos o de gobierno

Era 2017, el penúltimo año del gobierno de Enrique Peña Nieto. La candidatura presidencial de Andrés Manuel López Obrador (AMLO) se fortalecía a pasos agigantados, en gran medida por la decepción de la administración priista, vinculada a múltiples casos de corrupción en todos los ámbitos y poderes, como los 16 gobernadores investigados, presos o prófugos de la justicia, es decir, la mitad de los representantes del poder ejecutivo en los estados.

La Ciudad de México vivía un escenario similar con el penúltimo año de Miguel Ángel Mancera como jefe de gobierno. La diferencia era que la corrupción de esta administración había tenido lugar sobre todo en el sector inmobiliario, en el que numerosas empresas tuvieron un crecimiento desmedido gracias a actos deshonestos y en el que proliferaron desarrolladores sin experiencia, profesionalismo ni vocación.

En Estados Unidos, Donald Trump ascendió a la presidencia después de unas elecciones sumamente reñidas y durante su primer año de gobierno atacó a los mexicanos y afectó las relaciones comerciales entre ambos países, lo que puso en entredicho los tratados y acuerdos comerciales existentes.

Esta situación generó una crisis de confianza y un ambiente poco favorable para la inversión que perjudicaron el mercado inmobiliario y desaceleraron las ventas de proyectos.

Los principios fundamentales de Welt

En *Desarrolladora Welt*, el libro anterior, hablamos con amplitud de las premisas de inversión de Welt. Ahora es importante recordarlas para identificar cómo se vieron afectadas durante el lustro de la peor crisis inmobiliaria del mundo en, por lo menos, los últimos 30 años. Las premisas que son la columna vertebral de todos los proyectos son ubicación, legalidad, vivienda digna, arquitectura y eficacia administrativa.

Como consecuencia de los años de corrupción en el sector inmobiliario, la vivienda de interés social y popular dejó de existir en la Ciudad de México con la suspensión de la Norma de ordenación 26. El concepto de vivienda digna tuvo que ajustarse a las nuevas realidades y los desarrolladores centraron sus inversiones en predios con densidad Z, que se destinarían a la construcción de vivienda económica. Welt contaba con sólo tres inmuebles de esa densidad para el periodo de inversión 2017-2020 y en ese momento era sumamente difícil conseguir terrenos con ese potencial a un precio razonable. Las otras premisas siguieron siendo el pilar de nuestros proyectos.

Algunas de las nuevas políticas administrativas del Estado, los problemas derivados de la ineficiencia del gobierno y el inicio de la pandemia hicieron poco menos que imposible nuestro trabajo. Uno de los mayores problemas de este periodo fue que los ciclos de negocios, que antes duraban máximo 18 meses, se extendieron hasta 48 meses por el endurecimiento de los permisos y el cierre de las oficinas administrativas. Recordemos que el negocio inmobiliario es en principio financiero, no sólo cuentan los ladrillos, como se dice de manera coloquial.

La tragedia

A los escenarios desalentadores suelen sumarse otras tragedias y esta vez no fue la excepción. Inmersos en un clima complicado para la inversión por el triunfo de Trump en Estados Unidos y la previsible victoria de AMLO, el 19 de septiembre de 2017, a las 13:14 horas, ocurrió un terremoto de magnitud 7.1 en el centro del país. Las consecuencias fueron terribles en términos de pérdidas humanas y patrimoniales. El sismo sacó a la luz un sinfín de casos de corrupción en el otorgamiento de permisos de construcción de edificios que no cumplían con las medidas de seguridad estructural.

Una crisis de confianza se desató entre los compradores e inversionistas potenciales y remató en una caída estrepitosa en la absorción de las ventas en el segmento de vivienda de un precio mayor a los 3.5 millones de pesos. Sin duda, uno de los efectos más devastadores fue la suspensión de las construcciones que estuvieran dentro de un radio de 250 m de los inmuebles dañados por el sismo, lo que involucraba casi todos nuestros proyectos.

Beyond the edge

Esta frase expresa a la perfección el escenario que enfrentamos. Cuando parecía que no podía ser peor, pues era probable que estuviéramos ante la crisis inmobiliaria más grande de los últimos 30 años, se presentaron más imprevistos para colocarnos en medio de la tormenta perfecta, como diría nuestro socio Santiago Vacas.

La suspensión de la Norma 26 fue un golpe duro para los desarrolladores, en especial para los que teníamos la mayor inversión en la Ciudad de México. En 2018, tras la elección de AMLO como presidente y de Claudia Sheinbaum como jefa de gobierno, de inmediato se impusieron medidas drásticas dentro del sector inmobiliario. Por desgracia se asumió que la mayoría de los desarrolladores eran corruptos y con ese argumento se cerraron las ventanillas de las alcaldías y oficinas administrativas. Fue imposible obtener permisos y licencias por al menos un año. Como resultado, el producto interno bruto (PIB) nacional cayó más de 5% y el local más del doble.

La cereza del pastel fue la declaración de emergencia sanitaria por la pandemia de COVID-19, en marzo de 2020. Gran parte de las actividades laborales en el país se interrumpieron y hubo una pausa en la industria de la construcción, que se sumó a una disminución significativa en la venta de inmuebles. Podemos concluir que en menos de una década enfrentamos las condiciones más críticas para la industria inmobiliaria en el último siglo. Entre las consecuencias para todos nuestros proyectos hubo retrasos, sobrecostos, problemas de administración e ineficiencia financiera.

¿Qué problemas enfrentamos como consecuencia de la crisis?

Los eventos se sucedieron en una cadena de secuelas que describiremos a continuación, empezando por la suspesión de la Norma 26 y la escasez de terrenos con densidad Z; la interrupción en el otorgamiento de permisos; el desfase en los periodos de inversión o ciclos de negocio, y el incremento de los precios en los insumos principales, pasando por la crisis de confianza y la falta de liquidez y capital; el constreñimiento general del mercado, y la suspensión de créditos para la industria inmobiliaria, en particular para construir oficinas, hasta la renegociación de los plazos y condiciones de contratos, y el cambio generacional de los compradores.

Con la suspensión de la Norma 26 dejó de existir la vivienda de interés social y popular en la Ciudad de México. Muchos mexicanos que gozaban de este beneficio se vieron afectados, así como los pocos desarrolladores honestos que comercializábamos con los precios establecidos para otorgarle la utilidad de la plusvalía al cliente.

Los desarrolladores enfocaron sus esfuerzos en adquirir inmuebles con uso de suelo con densidad Z, que se volvieron sumamente codiciados y caros. Una de las consecuencias en la capital mexicana fue que el costo de la vivienda promedio y de su insumo principal aumentó, lo que incidió en la balanza del negocio. En resumen, el precio de la tierra se tornó muy oneroso.

Como mencionamos, el negocio inmobiliario es en esencia financiero, por lo que se espera una rentabilidad en un periodo cierto, que se mide con la tasa interna de retorno (TIR). El cierre de ventanillas dio paso a una gran incertidumbre sobre las solicitudes de créditos y los plazos. A esto se sumó el endurecimiento de las reglas en algunas oficinas para obtener permisos. Lo que vivíamos como una carrera de obstáculos adquirió tintes de ultramaratón con cortes en ciertas partes del recorrido, pues no había certeza acerca de la duración de los trámites. Al final nos percatamos de que el desfase en los proyectos fue de 18 meses en promedio, es decir, se calculaba un rendimiento en ese lapso y de la noche a la mañana se duplicaba el tiempo de un ciclo de negocio. Se hizo evidente que el rendimiento se reduciría por lo menos a la mitad en términos de TIR, pero no en su margen bruto.

El retraso en el periodo de inversión es quizá el problema que más impacta un negocio financiero. Los rendimientos se calculan conforme a la TIR proyectada, es decir, el margen bruto anual: si se estimó la TIR de un desarrollo inmobiliario de 25 a 30%, el desfase puede reducir el rendimiento anual de 16 a 20%, y no es atractivo para los inversionistas.

El financiamiento se compone de dos elementos: el flujo derivado de las ventas, que no existió porque no hubo preventas, y las ministraciones por avance de obra. Los bancos tuvieron muchos problemas causados por el vencimiento de sus carteras de pago y el financiamiento que recibían del Estado. En muchos casos se negaron los créditos o se redujeron. A pesar de que Welt había pactado y firmado las condiciones de un préstamo, el banco decidió a discreción qué instrumento usaría para construir oficinas. Esta situación en dos proyectos financiados por Welt condujo a retrasar la obra otros 12 meses y aumentar el costo hasta 25% más de lo programado.

En casos como estos, la demora mínima fue de 36 meses. En términos de TIR, equivale a una pérdida de 5.5 a 6.6%, es decir, apenas se recuperaría el costo de oportunidad del dinero, considerando que la tasa de interés interbancaria de equilibrio equivale en noviembre de 2023, a 6.2%. Desde un punto de vista objetivo, con el Índice Nacional de Precios al Consumidor como referencia, cuya tasa de inflación para febrero de 2022 se encontraba en 7.15%, todo esto representaba una pérdida importante.

Entre más tiempo se prolongue la edificación de un proyecto, más mano de obra habrá que pagar. El retraso implicó un incremento en el costo total programado debido al aumento de los precios de los insumos principales y la mano de obra. Después del sismo fue necesario volver a empezar desde cero algunos proyectos, recontratar personal, cubrir gastos administrativos, renegociar anticipos, limpiar las obras, reprogramar tiempos de construcción, revisar el catálogo de conceptos y encarar un sinnúmero de vicisitudes.

Entre los primeros efectos de las crisis está el aumento de los precios de los insumos. De 2017 a 2023, materias primas como el concreto y el acero casi duplicaron sus costos. Por lo general, este riesgo se mitiga con los anticipos que provienen del financiamiento o las

1 "El acero sube... y construir sale 25% más caro", *El Financiero*, 23 de junio de 2021.

preventas. ¿Se podía prever esta situación? La realidad es que esta industria opera como un reloj suizo: si una pieza no está aceitada el resto deja de funcionar y en esta coyuntura varias piezas resultaron afectadas.

Algunos artículos de medios de comunicación especializados reportaron la situación. Fernando Navarrete y Rafael Mejía señalaron que el costo de construcción durante 2020 y 2021 aumentó 25%.[1] Me atrevo a asegurar que la afectación general fue mayor, pues este rubro se lleva 65% del presupuesto de un proyecto y de ahí al menos 50% se destina a acero y concreto. Otros factores impactan el costo y el tiempo de entrega de los insumos, como la falta de contenedores por la crisis mundial de logística o la escasez de materiales. La quiebra de muchos proveedores también fue un factor relevante. Aquellos que lograron sortear la crisis concentraron su trabajo y no todos estaban preparados para el crecimiento.

Sin duda, el incremento en el salario mínimo vigente –de casi 60% si consideramos que en 2018 era de 88.36 pesos y en 2022 subió a 213.39–, las reformas legales en materia laboral y el *outsourcing* incidieron de manera directa en el costo de las obras. Si a finales de 2017 podíamos construir un edificio de vivienda residencial a un precio ponderado de 10 000 pesos por metro cuadrado, hoy no haría una proyección por menos de 18 500 pesos, es decir, hubo un aumento real de casi 85%.

En el ámbito gubernamental, el cambio de estafeta en los poderes ejecutivos de México y Estados Unidos provocó una crisis de confianza entre los inversionistas de nuestro país. Trump decidió utilizar como blanco a los mexicanos y todo lo que se relacionara con ellos, incluso cuestionó los acuerdos comerciales porque consideraba que eran desfavorables para sus compatriotas. Con la elección de AMLO, por primera vez en la historia moderna de México el gobierno sería ejercido por la izquierda. Los sectores opositores manifestaron incetidumbre para el futuro, que se acentuó con la suspensión de obras, como la del Nuevo Aeropuerto de la Ciudad de México, el ataque a prácticas de corrupción en campos como la construcción y el *outsourcing*, o el surgimiento de empresas factureras, entre muchas otras acciones. El primer síntoma de esta situación fue una crisis de liquidez: no había efectivo en circulación, pero sí un exceso de capital no bancarizado, pues muchos de los beneficiados invertían los excedentes en bienes inmuebles.

Durante el confinamiento por la pandemia mucha gente perdió su empleo porque los centros laborales de pequeña y mediana escala quebraron, y las empresas prescindieron de mucho personal por los cambios en el esquema laboral, que apuntalaron el trabajo remoto. Como siempre, las personas más perjudicadas fueron las que dependían de su empleo por completo y no tuvieron la garantía de conservarlo. A pesar de tener las tasas de interés más bajas en la historia reciente de México –con créditos hipotecarios con tasas de 7.5%– no se podía correr el riesgo de invertir en patrimonio.

Welt aplicaba una fórmula perfecta en la que cada proyecto se vendía en su totalidad antes de concluir su edificación. Era el escenario ideal porque cerrábamos el ciclo de negocio en 18 meses, incluso con la titulación correspondiente. Si hiciéramos un recuento histórico de ventas de la empresa, el ritmo de absorción podría calcularse en un promedio de venta de 1.4 departamentos al mes. De marzo de 2020 a febrero de 2022, el periodo más complicado de la pandemia, nuestro promedio de ventas fue de 0.45 departamentos mensuales.

Con proyectos comercializados al 50% de su inventario y ese ritmo de venta enfrentamos de nuevo un desfase en el ciclo de negocio y el vencimiento de créditos. Renegociamos la vigencia, pero estos instrumentos tarde o temprano expirarán y para entonces debemos haber comercializado al menos 70% de los proyectos para pagarlos y seguir adelante con la empresa.

En el primer apartado de este libro, cuando hablamos del crecimiento de la empresa, comenté que por primera vez invertiríamos en un proyecto patrimonial de oficinas. Cuando se concibió la idea, pretendíamos hacer un "negocio de saliva", en el que un crédito bancario financiara la construcción y hasta un porcentaje de la compra del terreno, para después transformar ese instrumento a largo plazo y utilizar el flujo de las rentas como fuente de repago. Por desgracia esto no sucedió.

Aunque fue viable en su momento, la pandemia sumió en un abismo nunca antes visto las condiciones de renta de espacios de oficinas, con millones de metros cuadrados disponibles en el mercado. La forma de trabajar se había transformado y se presumía que en adelante todo se haría a distancia o en línea. En ese contexto, con un crédito con condiciones aprobadas y la fecha de firma, nos negaron el financiamiento. A partir de ese momento tuvimos que buscar otras estrategias, como invitar a socios con capital a comprar 50% de nuestra participación a cambio de garantizar la construcción total de la obra. Si bien logramos llevar a cabo el proyecto, sin duda impactó la liquidez de la empresa, pues fue necesario invertir todos los recursos disponibles en la ejecución y durante un tiempo en el pago de intereses del financiamiento de uno de los socios.

Debo señalar que durante este periodo financiamos tres proyectos con créditos para vivienda, dos con una sociedad financiera de objeto múltiple (Sofome) y otro con un banco institucional. En ambos casos, las tasas de interés pactadas incrementaron y se renegoció la vigencia debido al desfase en los ciclos de negocios. Enfrentamos problemas con la Sofome porque cerró el flujo de recursos sin motivo aparente y no suministró el equivalente a 30% de lo acordado. Tuvimos que hacernos cargo con recursos propios y asumir de nuevo un retraso. Los proyectos se encarecieron porque fue necesario pagar mínimo un año más de intereses, a una tasa mayor, además de las comisiones por la ampliación en la vigencia de los contratos y honorarios por la formalización en las escrituras.

La situación con la banca institucional ha sido más tensa porque estamos obligados al pago de intereses muy elevados y a renegociar la vigencia del contrato por seis meses más. También es necesario estar al corriente en el pago de intereses y seguir con la construcción del proyecto. Hasta la fecha hemos cumplido con este propósito, pues cualquier flujo extra se destina a pagar este crédito en el que hemos apostado todos nuestros recursos.

Al final del camino siempre hay una luz esperanzadora y es lo que empezamos a ver, pues el mercado empieza a retomar un ritmo constante de ventas. En caso de mantener un promedio de dos ventas por mes, como hemos hecho en el último trimestre, podremos concluir el proyecto, saldar nuestras obligaciones y recapitalizarnos para pagar a todos nuestros acreedores e inversionistas. Mientras escribo estas líneas no sé si el banco extenderá la vigencia del crédito, pero esperamos que sí. En ese caso, con nuestra entrega y la confianza mutua entre los socios, llegaremos a buen puerto.

En febrero de 2022, leí el título de un artículo en la revista *Expansión:* "En México, 7 de cada 10 *millennials* tienen una clara dificultad para construir un ahorro que les permita acceder a un patrimonio".[2] El artículo cita una encuesta del portal especializado Vivanuncios en la que se indica que 70% de los mexicanos nacidos entre 1981 y 1996 se siente incapaz de asumir los costos de comprar una vivienda, y casi 50% asume que sus ingresos son insuficientes para empezar una inversión inmobiliaria.

Primero habría que definir qué es un milenial. La mayoría de las fuentes recurre al año de nacimiento para identificar a las personas de esta generación. De acuerdo con la Encuesta Nacional de Ocupación y Empleo, en el último trimestre de 2017 había en México 123.88 millones de personas.[3] Según el parámetro del periodo de nacimiento, 37.65 millones pertenecen a la generación milenial, es decir, 30.4% de la población. Si siete de cada diez de esas personas no considera posible la inversión en vivienda, entonces 26.35 millones de personas no comprará una casa durante su edad productiva. Quienes forman parte de la generación milenial tienen hoy entre 28 y 43 años, y representan de 25 a 35% de la población de cada estado. Este segmento, que en otra época hubiera considerado formar su patrimonio, representa, en mi opinión, al menos 60% del mercado potencial de compra. Las empresas inmobiliarias con más recursos se percataron de este fenómeno de forma anticipada y enfocaron sus esfuerzos en desarrollar vivienda para renta, exploraron otros mercados inmobiliarios o invirtieron en otros países.

Este fenómeno generacional, la falta de liquidez, la crisis de confianza y el combate a la corrupción —que de alguna forma acabó con los

2 EFE, "7 de cada 10 *millennials* en México son incapaces de comprar casa", *Expansión*, 18 de agosto de 2021.

3 Instituto Nacional de Estadística y Geografía, Encuesta Nacional de Ocupación y Empleo, 2022.

excedentes de capital o efectivo que en general se invierten en inmuebles– han transformado por completo la industria inmobiliaria. La consecuencia es una sobreoferta de departamentos de nivel medio residencial, es decir, de 4.5 a 12 millones de pesos. Esto ha eliminado las preventas porque los compradores finales prefieren esperar para conseguir un precio mejor.

Antes se apostaba a una preventa con una empresa seria a cambio de un descuento considerable. La calidad de los acabados o de mano de obra era parte de esa apuesta. Hoy no es necesario correr ese riesgo porque hay un excedente de oferta en el mercado y es posible comparar. Cuando se tiene claro cuál es la mejor opción de acabados y mano de obra, se pueden solicitar cambios o ajustes en el proyecto para hacer ofertas sumamente agresivas, por lo general con descuentos por encima del 10%, que un desarrollador nunca hubiera otorgado en una preventa normal. Con el inventario asoleándose, los créditos comiéndonos y muy pocas oportunidades para seguir invirtiendo, no tenemos otra alternativa que aceptar la mejor oferta. Cualquier otra postura pondría en riesgo la continuidad de la empresa.

Las asociaciones estratégicas fracasaron

La apuesta por diversificar nuestra inversión y consolidar los primeros locales comerciales fue un fracaso. Si bien sobre papel parecían buenas opciones, la realidad fue distinta. Hubo casos como el del socio que estaba casado con un concepto de negocio que no generaba el ingreso suficiente para sostener el pago de la renta y que no escuchó nuestros consejos. O el del socio que le rentó el local a un arrendatario nuevo, sin una asociación, y sólo por ese concepto obtuvo un flujo de más de 6 000 clientes al mes. Sin duda, una historia de éxito. Otro socio nos hizo invertir una fortuna en equipo, pero jamás reportó utilidades. Eso sí, cuando llegó la pandemia pretendió seguir operando el local sin pagar renta y después no quiso desocupar el inmueble por todo un año; además, insistió en que lo rentáramos a uno de sus socios comerciales.

Quedó claro que no es sencillo que una asociación resulte exitosa si no la administra uno mismo. No todas las personas, empresarios o no, comparten nuestros principios, educación y valores. Hoy decidimos rentar los locales y diversificar nuestro negocio con un ingreso patrimonial, que durante la pandemia se vio muy afectado.

En un artículo de *El Financiero* se estimaba que habían desaparecido 90 000 de 600 000 restaurantes, según cifras de la Cámara Nacional de la Industria de Restaurantes y Alimentos Condimentados, es decir, 15%.[4]

Por otra parte, nuestra asociación con Casas Javer cumplió su ciclo. Ellos recibieron buenos dividendos, pero nosotros no. Una de las condiciones del negocio fue garantizar el precio máximo de obra, que por desgracia contratamos con Ardantz, nuestra propia constructora, que no alcanzó el objetivo por una variedad de razones, por ejemplo, el cambio de cimentación después del sismo de 2017 que por sí solo representaba un sobrecosto de más de 20% del monto total. No obstante, como estructura de negocio, arquitectura y desarrollo inmobiliario es un proyecto de gran éxito para nuestra empresa, que logró reconocimientos internacionales y se expuso en la Bienal de Venecia 2020, cuya celebración se pospuso hasta 2021.

El descalabro más doloroso fue el de Ardantz. Conocíamos a la perfección las condiciones del mercado por nuestra experiencia de más de 20 años, pero algunos descuidos y la falta de involucramiento de nuestro socio estratégico nos condenaron de nuevo al fracaso. En mi opinión, tres aspectos contribuyeron a este fallo rotundo. En primer lugar, los presupuestos sumamente limitados. Aun cuando el responsable de la construcción los revisó, estaban sujetos a los planes de negocio y por mala fortuna no se hicieron las previsiones necesarias. Otro factor

4 Redacción, “90 mil restaurantes han cerrado en México por la pandemia de COVID-19: Canirac”, *El Financiero*, 17 de enero de 2021.

fueron los eventos que afectaron las políticas de construcción e incrementaron los costos, como el cambio de cimentación mencionado. Por último, la falta de una supervisión concienzuda y al detalle.

Hemos revisado casi todas las circunstancias que afectaron nuestro negocio de desarrollo inmobiliario y muchas de ellas escapaban de nuestro control. Cuando el destino está en contra, no hay nada que hacer más que confiar en nosotros mismos.

Fue muy triste ver que lo intangible de las cosas también se destruye: los negocios dejan de ser prósperos, la gente no invierte, el Estado complica los procesos y hasta los clientes potenciales desaparecen por su manera de pensar. No obstante, eso no fue lo más funesto que enfrentamos. Como corolario, fue necesario desmontar una de las dos oficinas que con tanto ahínco pusimos en pie. Durante el verano de 2021, mientras volábamos a la ciudad de Guadalajara para atender nuestro proyecto, una llamada infausta nos informó que nuestra oficina se había incendiado. Ésta fue la pérdida material más dolorosa. ¿Qué más podría pasarnos? Habíamos tocado fondo. Lo que he descrito hasta este momento parece una película de terror. No sólo ha estado en juego nuestro patrimonio o el de algunos familiares, en ocasiones también lo han estado nuestra libertad y prestigio. Siempre estamos bajo una presión enorme que nos lleva más allá del límite. Si se preguntan por qué este negocio a veces es tan redituable, la respuesta está en el riesgo, los retos y las dificultades que enfrentamos en cada proyecto.

¿Por qué la amistad es un valor predeterminado al que le atribuyo la historia de éxito y la continuidad de la sociedad? En circunstancias en las que parece que no hay futuro y que todo juega en nuestra contra, los ánimos se caldean, surgen discusiones, confusiones y criterios encontrados que se convierten en debates álgidos. Por fortuna en nuestro caso, además de ser socios, somos grandes amigos y tenemos claro que la amistad es el valor fundamental de la sociedad. Nos interesa salir adelante y responder a todas las personas que nos han brindado su confianza, pero sobre todo nos esforzamos para no fallarnos a nosotros mismos. Por eso para este equipo ha sido trascendental honrar la amistad. No menos importantes han sido el apoyo incondicional y la confianza de nuestros inversionistas y algunos de los acreedores. Nos gustaría hacer un reconocimiento especial a Jaime Báez Rodríguez, René Caro Gómez, Wendy Jaqueline Herrera Mendoza y Víctor Severino Valdivia.

Así, logramos concluir casi todo lo que planeamos para el ciclo de negocio 2017-2020, que se extendió hasta 2022. Por primera vez tuvimos que vender uno de los proyectos y la venta se saldó a favor de nuestros antiguos socios, que lo desarrollaran de acuerdo con las premisas que se formularon desde un principio.

La siguiente memoria incluirá un proyecto que está en desarrollo: Ignacio Esteva 63, en la colonia San Miguel Chapultepec, diseñado por la arquitecta Tatiana Bilbao.

El escenario luce complicado, pero confiamos en que la amistad, los tres socios y el personal sustentarán la empresa. Si lo logramos, en la próxima edición que reúna nuestra labor y en nuestro vigésimo aniversario, les platicaré las estrategias que implementamos para enfrentar desafíos que se salen de nuestro control.

Por el momento, Desarrolladora Inmobiliaria Welt, S. A. de C. V. entrará en una etapa de rescisión y repliegue. Hasta no tener claridad sobre las reglas del juego y la conveniencia de seguir desarrollando en la Ciudad de México o en el país, la plantilla y la operación se reducirán a lo mínimo indispensable. Volveremos a gestionar proyectos *boutique* no por la necesidad de rendimientos, sino por el reto y el gozo que representan. Esperamos que nuestro esfuerzo por construir un sustento patrimonial permita cubrir nuestras necesidades básicas y mantener viva y en operaciones nuestra amada empresa.

Rising from the ashes

Jaime Báez

Fifteen years after Welt's constitution as a partnership, I can support what Pablo Pruneda once said: "its existence is based on one of the most important values in life: friendship". Why is it so important to emphasize this principle? Because it not only explains the beginning and development of a business idea, but it is the only way to understand that we are still in business despite the events of the past few years.

Since the last time I wrote about it, in 2017, a series of events took place that affected forever the way a real estate project is conceived. Some of these events went beyond the national level and had a global impact that would put an end to the real estate business as it was understood in the early years of the 21st century. It is important to remember the context of this period, during the tenth anniversary of Desarrolladora Inmobiliaria Welt, S. A. de C. V.

Projection

A decade old, Welt was in full growth mode. We had successfully developed ten real estate projects with a total of approximately 168 apartments and 18,315 square meters of construction area. We had a land reserve and were about to execute some construction projects that we intended to build and sell in the following three years. This plan included 11 family housing properties –174 homes and eight commercial premises totaling almost 22,265 m^2– and a proprietary office building of almost 3,000 m^2. In practical terms, this represented a 38% rise in everything we had built in ten years, or 4.5 times what we had been developing each year up to that point. Unfortunately, they did not work out as expected.

External or government factors

It was 2017, the last but one year of Enrique Peña Nieto's government. Andrés Manuel López Obrador's (AMLO) presidential candidacy was growing stronger by leaps and bounds, largely due to the disillusionment with the PRI government, which has been linked to numerous cases of corruption in all sectors and powers, such as the 16 governors who still are now under investigation, in jail or fugitives from justice, that is, half of the representatives of the executive power in the states.

Mexico City experienced a similar scenario in the penultimate year of Miguel Ángel Mancera's administration. The difference was that the corruption of this administration occurred mainly in the real estate sector, where numerous companies had excessive growth thanks to dishonest acts and where developers without experience, professionalism or vocation proliferated.

In the United States, Donald Trump ascended to the presidency after an extremely close election and used his first year in office to attack Mexicans and affect trade relations between the two countries, which called into question existing trade treaties and agreements.

This situation led to a crisis of confidence and an unfavorable investment environment that had a negative impact on the real estate market and a go-slow in project sales.

The fundamental principles of Welt

In *Desarrolladora Welt*, the previous book, we discussed Welt's investment assumptions at length. Now it is important to recall them to determine how they were affected during the five-year period of the world's worst real estate crisis in at least the last 30 years. The premises that are the backbone of all projects are location, legality, decent housing, architecture and administrative efficiency.

As a result of years of corruption in the real estate sector, low-income housing in Mexico City disappeared with the suspension of the 26th Amendment. The concept of decent housing had to be adapted to the new realities, and developers focused their investments on Z-density land to be used for the construction of affordable housing. Welt had only three properties of this density for the 2017-2020 investment period, and at that time it was extremely difficult to purchase land with this potential at a reasonable price. The other premises continued to be the pillar of our projects.

Some of the new administrative policies of the state, problems arising from government inefficiency and the outbreak of the pandemic made our work almost impossible. One of the biggest problems during this period was that business cycles, which previously lasted a maximum of 18 months, were extended to 48 months due to the tightening of permits and the closing of administrative offices. Let's not forget that the real estate business is fundamentally a financial business, not just a bricks and mortar business, as it is colloquially known.

The tragedy

Other tragedies are often added to daunting scenarios, and this time was no exception. In the midst of a complicated investment climate due to Trump's victory in the United States and AMLO's foreseeable win, a 7.1 magnitude earthquake struck the center of the country at 1:14 p.m. on September 19, 2017. The consequences were terrible in terms of human and property losses.

The earthquake brought to light countless cases of corruption in the granting of construction permits for buildings that did not comply with structural safety measures.

A crisis of confidence was triggered among potential buyers and investors and culminated in a sharp drop in the absorption of sales in the housing segment priced above 3.5 million pesos. Undoubtedly, one of the most devastating effects was the suspension of construction within a 250 m radius of the buildings damaged by the earthquake, which impacted almost all of our projects.

Beyond the edge

This phrase perfectly expresses the scenario we face. Just when it seemed that things could not get any worse as we were facing probably the biggest real estate crisis in the last 30 years, more unforeseen events came along to put us in the middle of the perfect storm, as our partner Santiago Vacas would say.

Suspending Rule 26 was devastating for developers, especially those of us who had invested the most in Mexico City. In 2018, following the election of AMLO as president and Claudia Sheinbaum as head of government, drastic measures were immediately imposed on the real estate sector. But unfortunately, it was assumed that most of the developers were corrupt, and with this argument, the windows of the mayor's offices and the administration offices were closed. Consequently, national gross domestic product (GDP) fell by more than 5% and local GDP more than doubled.

The icing on the cake was the declaration of a public health emergency for the COVID-19 pandemic in March 2020. Most of the country's labor activities were interrupted and there was a pause in the construction industry, which added to a significant decline in real estate sales. We can conclude that in less than a decade we will be facing the most critical conditions for the real estate industry in the last century. All our projects had experienced delays, cost overruns, management problems and financial inefficiencies.

Problems we face as a result of the crisis

The events that followed had a chain of consequences that we will describe below, beginning with the suspension of Rule 26 and the shortage of Z-density land; the interruption in the granting of permits; the lag in investment periods or business cycles, and the increase in prices of the main inputs; the crisis of confidence and the lack of liquidity and capital; the general constraint of the market; the suspension of credit for the real estate industry, particularly for office construction; the renegotiation of contract terms and conditions; and the generational change of buyers.

Low-income housing in Mexico City ceased to exist with the suspension of Rule 26. Many Mexicans who enjoyed this benefit were affected, as well as the few honest developers who marketed at the established prices in order to give the profit of the capital gain to the client.

Developers focused their efforts on acquiring properties with Z-density land use, which became highly coveted and expensive. One of the consequences in the Mexican capital was that the cost of the average home and its main input increased, impacting the balance of the business. To sum up, the price of land became very expensive.

As mentioned above, the real estate business is essentially a financial business, so a return is expected over a period of time, measured by the internal rate of return (IRR). Closing the windows created great uncertainty about how to apply for credit and how to obtain credit. What we experienced as an obstacle course became an ultra-marathon challenge with cuts in certain parts due to the uncertain duration of the procedures. In the end, we realized that the time lag in the projects was 18 months on average, i.e., a performance was calculated in that period and overnight the time of a business cycle was duplicated. It became clear that the return would be at least halved in IRR, but not in gross margin.

The delay in the investment period is perhaps the problem that affects a financial company the most. Yields are calculated according to the projected IRR, i.e., the annual gross margin: if the IRR of a real estate development is estimated at 25-30%, the delay can reduce the annual yield to 16-20%, which is not attractive for investors.

Financing consists of two elements: cash flow from sales, which did not exist because there were no pre-sales, and progress payments. Banks faced many problems due to the maturity of their payment portfolios and the financing they received from the State. Loans were denied or further reduced in a large number of cases. Although Welt had agreed and signed the terms of a loan, the bank decided at its discretion which instrument it would use to build offices. This situation in two projects financed by Welt led to delaying the work for another 12 months and increased the cost by up to 25% more than programmed. In such cases, the minimum delay was 36 months.

In terms of IRR, this represents a loss of 5.5 to 6.6%, i.e., the opportunity cost of money would barely be recovered, given that the equilibrium interbank rate today, in November 2023, is equivalent to 6.2%. From an objective point of view, using the national consumer price index as a reference, which inflation rate in February 2022 was 7.15%, all this represented a substantial loss.

The longer a project takes to build, the more labor cost will have to be paid. The delay resulted in an increase in the total cost of the program due to increases in the prices of key inputs and workforce. The delay resulted in an increase in the total program cost due to increases in the prices of key inputs and labor costs. After the earthquake, some projects had to be restarted from scratch, personnel had to be rehired, administrative expenses had to be covered, advances had to be renegotiated, construction work had to be cleaned up, construction times had to be rescheduled, the concept catalog had to be revised, and countless vicissitudes had to be faced.

The increase in input prices is one of the first effects of the crises. From 2017 to 2023, raw materials such as concrete and steel nearly doubled in cost. Was this situation foreseeable? Generally, this risk is mitigated by advances from financing or pre-sales. The reality is that this industry operates like a Swiss watch: if one part is not oiled, the rest stops working and at this juncture several parts were affected.

Some articles in specialized media reported the situation. Fernando Navarrete and Rafael Mejía pointed out that the cost of construction during 2020 and 2021 increased 25%.[1] I dare say that the overall impact was greater, as this category represents 65% of a project's budget, of which at least 50% is for steel and concrete. Other factors impact the cost and delivery time of inputs, such as the lack of containers due to the global logistics crisis or the shortage of materials. The bankruptcy of many suppliers also played a role. Those that managed to survive focused on what they were doing, and not all of them were prepared to grow.

Undoubtedly, the increase in the current minimum wage –of almost 60% if we consider that in 2018 it was 88.36 pesos and in 2022 it rose to 213.39–, as well as the legal reforms in labor matters and outsourcing had a direct impact on the cost of the projects. If at the end of 2017 we could build a residential housing building at a weighted price of 10,000 pesos per square meter, today I would not make a projection for less than 18,500 pesos, i.e., there was a real increase of almost 85%.

At the governmental level, the change of power in the executive branches in Mexico and the United States triggered a crisis of confidence among Mexican investors. Trump decided to target Mexicans and everything related to them, even questioning trade agreements because he thought they were unfavorable to his countrymen. With the election of AMLO, for the first time in Mexico's modern history, the government would be in the hands of the left. Opposition sectors expressed uncertainty for the future, which was accentuated by the suspension of works, such

1 "El acero sube... y construir sale 25% más caro", *El Financiero*, June 23, 2021.

as the New Mexico City Airport, the attack on corruption practices in fields such as construction and outsourcing, or the emergence of invoicing companies, among many other actions. The first symptom of this situation was a liquidity crisis: there was no cash in circulation, but there was a surplus of unbanked capital, as many of the beneficiaries invested the surplus in real estate.

During the pandemic confinement, many people lost their jobs because small and medium-scale workplaces went bankrupt, and companies lost many staff due to changes in the labor scheme, which encouraged remote work. As always, the people who suffered the most were those who were totally dependent on their jobs and had no guarantee of keeping them. Despite the lowest interest rates in Mexico's recent history –with mortgage loans at 7.5%– it was not possible to take the risk of investing in equity.

Welt applied a perfect formula in which each project was sold in its entirety before construction was completed. It was the ideal scenario because we completed the business cycle in 18 months, even with the allocation of title process. If we were to make a historical count of the sales of the company, the absorption rate could be calculated with an average sale of 1.4 apartments per month.

From March 2020 to February 2022, the most challenging period of the pandemic, our average sales were 0.45 departments per month.

With projects marketed at 50% of their inventory and this rate of sales, we are once again facing a gap in the business cycle and the maturity of loans. We have renegotiated the term, but these instruments will expire sooner or later, and by then we need to have at least 70% of the projects commercialized in order to pay them and move the company forward.

In the first section of this book, when we talked about the growth of the company, I mentioned that for the first time we would be investing in an office property project. When the idea was conceived, we intended to do a "spitting business" (*"negocio de saliva"*), in which a bank loan would finance the construction and even a percentage of the purchase of the land, and then transform this long-term instrument and use the flow of rents as a source of repayment. Unfortunately, that did not happen.

Although it was viable at the time, the pandemic plunged rental rates for office space into an abyss never before seen, with millions of square feet of space available on the market. The way we used to work had changed, and it was assumed that from now on all would be done online.

In this context, with a loan with approved conditions and a signature date, we were denied financing. From that moment on, we had to look for other strategies, such as inviting partners with capital to buy 50% of our share in exchange for guaranteeing the entire construction of the project. Although we were able to carry out the project, it undoubtedly had an impact on the company's liquidity, since it was necessary to invest all available resources in the execution of the project, as well as to use it for a time in the payment of interest on the financing of one of the partners.

I should point out that during this period we financed three projects with housing loans, two with a multipurpose financial company (Sofome) and another with an institutional bank. In both cases, interest rate increases and maturity renegotiations were the result of the mismatch in business cycles. We faced problems with the Sofome because it closed the flow of resources for no apparent reason and did not provide the equivalent of 30% of the agreed amount. We had to take over with our own resources and again assume a delay. The projects became more expensive because it was necessary to pay at least one more year of interest at a higher rate, in addition to commissions for extending the term of the contracts and fees for formalizing the deeds.

The situation with the institutional banks has become more tense because we are obliged to pay very high interest rates and to renegotiate the term of the contract for six more months. It is also necessary to be up to date with the interest payments and to continue with the construction of the project. Any additional cash flow is used to repay this loan, in which we have invested all our resources, and so far, we have fulfilled this purpose.

At the end of the road there is always a glimmer of hope and that is what we are beginning to see, as the market begins to resume a steady pace of sales. If we maintain an average of two sales per month, as we have done in the last quarter, we will be able to complete the project, pay off our obligations and recapitalize to pay all our creditors and investors. As I write these lines,

I do not know if the bank will extend the term of the loan, but we hope it will. In that case, with our dedication and mutual trust among the partners, we will reach a successful conclusion.

In February 2022, I read the title of an article in *Expansión* magazine: "In Mexico, 7 out of 10 millennials have a clear difficulty in building savings that will allow them to access a patrimony".[2] The article cites a survey by the specialized portal Vivanuncios which indicates that 70% of Mexicans born between 1981 and 1996 feel unable to assume the costs of buying a home, and almost 50% assume that their income is insufficient to start a real estate investment.

First, we should define what a millennial is. Most sources use the year of birth to identify people in this generation. According to the National Occupation and Employment Survey, there were 123.88 million people in Mexico in the last quarter of 2017.[3] According to the birth period parameter, 37.65 million people belong to the millennial generation, or 30.4% of the population. If seven out of ten of those people do not consider housing investment possible, then 26.35 million people will not buy a house during their productive age.

Millennials today are between 28 and 43 years old, and represent 25 to 35% of the population of each state. This segment, which in another era would have considered building its equity, represents, in my opinion, at least 60% of the potential purchase market. Real estate companies with more resources became aware of this phenomenon early and focused their efforts on developing rental housing, explored other real estate markets or invested in other countries.

This generational phenomenon, the lack of liquidity, the crisis of confidence and the fight against corruption –which somehow wiped out the surplus capital or cash that is generally invested in real estate– have completely transformed the real estate industry.

The consequence is an oversupply of mid-level residential apartments, specifically, from 4.5 to 12 million pesos. This has eliminated presales since end buyers tend to wait in order to obtain a better price.

In the past, the bet was on a pre-sale with a serious company in exchange for a discount.

Long before, a presale deal with a renowned company was pursued in order to obtain a considerable discount. The quality of the finishes or workmanship was part of that bet. Today, it is not even necessary to run such risk since surplus supply within the market and comparisons are possible and present. Once it is clear which is the best option for finishes and workmanship, changes or adjustments to the project can be requested in order to make extremely aggressive offers, usually with discounts of over 10%, which a developer would never have granted in a normal pre-sale event.

With our inventory sunning, our credits literally eating us, and very few opportunities for further investment, we have no alternative but to accept the best offer. Any other position would jeopardize the continuity of the company.

Strategic partnerships have failed

The commitment to diversify our investment as well as to consolidate the first commercial premises was a failure. While on paper it all seemed to be like pretty good choices, the reality was very different. There were different cases, like the partner who was married to a business concept that did not generate enough income to bear the payment of rent and who did not listen to our advice. Or the partner who rented the premises to a new tenant, without an association, and for that alone obtained a flow of more than 6,000 customers per month. An undeniably success story. Another partner made us invest a fortune in equipment, but never reported profits. However, when the pandemic arrived, he tried to continue operating the premises without paying rent and then did not want to evacuate the property for a whole year; in addition, insisting that we rent it to one of his busi-

2 EFE, "7 de cada 10 *millennials* en México son incapaces de comprar casa", *Expansión*, August 18, 2021.

3 Instituto Nacional de Estadística y Geografía, Encuesta Nacional de Ocupación y Empleo, 2022.

ness partners. It was clear that it is not easy for a partnership to be successful if you do not run it yourself. Not all people, entrepreneurs or not, share our principles, education and values. Today we decided to rent the premises and diversify our business with a property income, which during the pandemic was greatly affected.

Although all the books say that renting is a "business of old woman", very safe, the truth is that during the health emergency we knew scenarios that we had never faced before: throughout the confinement nobody went out to eat. It was a long period when no premises were rented. An article by *El Financiero* estimated that 90,000 of 600,000 restaurants had disappeared, according to figures from the National Chamber of the Restaurant and Spiced Food Industry, that is, 15%.[4]

Moreover, our partnership with Casas Javer completed its cycle. They received good dividends, but we did not.

One of the conditions of the business was to guarantee the maximum construction price, unfortunately we contracted Ardantz, our own builder, who did not reach the target for a variety of reasons, for example, the change of foundation after the 2017 earthquake alone represented an overrun of more than 20% of the total amount. However, as a business structure, architecture and real estate development it is project of great success for our company, which achieved international recognition and was exhibited at the Venice Biennale 2020, whose celebration was postponed until 2021.

The most painful adversity was that of Ardantz. We perfectly knew the market conditions from our experience of more than 20 years, but some inattentiveness and the lack of involvement of our strategic partner condemned us again to failure. In my opinion, three aspects contributed to this resounding fail. First, the extremely limited budgets. Even when they were reviewed by the construction manager, they were subject to business plans and unfortunately the necessary estimates were not made in advance. Another aspect was the events that affected construction policies and increased costs, such as the foundation change mentioned beforehand. Finally, the lack of in-depth and detailed supervision.

We have reviewed almost all the circumstances that impacted our real estate development business and many of them were beyond our control. When fate is against us, there is nothing to do but trust in ourselves.

It was very sad to see how the intangible side of things is also being destroyed: businesses stop being prosperous, people do not invest, the State complicates processes and even potential clients disappear because of their way of thinking. However, that was not the most dismal thing we faced. As a corollary, it was necessary to pull to pieces one of the two offices that we had worked so hard to set up. During the summer of 2021, while flying to the city of Guadalajara to attend to our project, an unfortunate call informed us that our office had been caught on fire. This was the most painful material loss. What else could happen to us? We had hit rock bottom.

What I have described up to this point sounds like a horror movie. Not only have our patrimony or even some of our family members been at stake, but also our freedom and prestige. We are always under enormous pressure that pushes us over the edge. If you are wondering why this business is occasionally so profitable, the answer lies in the risk, challenges and difficulties we have to face in each and every project.

Why is friendship a determined value to which I attribute the success story and the continuity of our firm? In circumstances in which it seems that there is no future and that everything is working against us, tempers flare, discussions, confusions and conflicting criteria become intense debates. Luckily, in our case, in addition to being partners, we are great friends and it is clear to us that friendship is the fundamental value of our company. We are interested in moving forward and responding to all the people who have placed their trust in us, but above all, we strive not to fail ourselves. That is why honoring our friendship has been so important for this team.

We shall not forgive the importance of the unconditional support and confidence of our in-

4 Paper "90 mil restaurantes han cerrado en México por la pandemia de COVID-19: Canirac", *El Financiero*, January 17, 2021.

vestors and some of the creditors. We would like to give special recognition to Jaime Báez Rodríguez, René Caro Gómez, Wendy Jaqueline Herrera Mendoza and Victor Severino Valdivia.

Thus, we were able to conclude almost everything we planned for the 2017-2020 business cycle, which extended to 2022. For the first time we had to sell one of the projects and the sale was in favor of our former partners, who developed it according to the premises that were formulated from the beginning.

The following chronicle will include a project that is under development: Ignacio Esteva 63, in the San Miguel Chapultepec area, designed by the architect Tatiana Bilbao.

The scenario looks complicated, but we are confident that friendship, the three partners and the staff will sustain the company. If we succeed, in the next edition of our work, on our twentieth anniversary, I will tell you about the approaches we implemented to face the challenges that are past our control.

For the moment, Desarrolladora Inmobiliaria Welt, S. A. de C. V. will enter a stage of rescission and withdrawal. Until there is clarity on the guidelines of the game and the suitability of a continuous development in Mexico City or in the country, staffing and operations will be reduced to the bare minimum. We will return to managing boutique projects not for the need for returns, but for the challenge and joy they embody. We hope that our effort to build a property support will cover our basic needs and keep our beloved company alive and operational.

Obras Works

Tlacotalpan 129
p. 30

Córdoba 188
p. 40

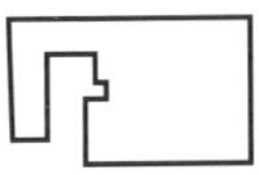

Tlalpan 590
p. 50

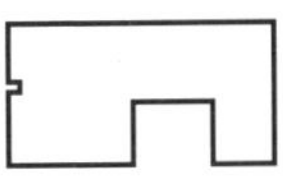

Guerrero 108
p. 60

Mar Tirreno 86
p. 72

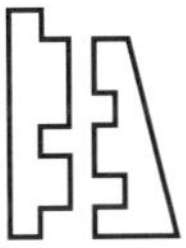

Concepción Béistegui 1812
p. 82

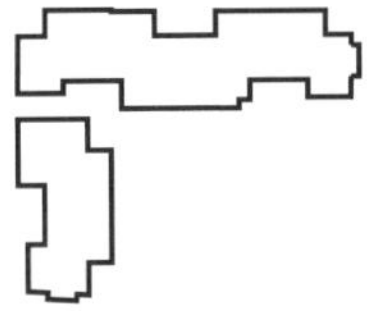

Aniceto Ortega 604
p. 92

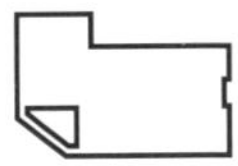

Fresno 276
p. 102

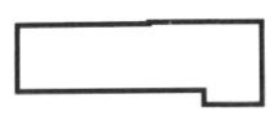

Zuno 2195
p. 114

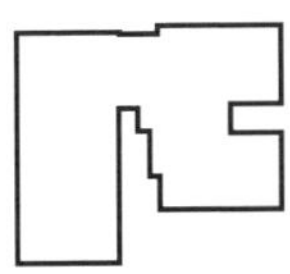

Sinaloa 215
p. 126

Proyecto arquitectónico Architectural project

VOX arquitectura:
Mauricio García Cué
Carlos Albarrán Ríos
Christian Luce Dickinson

Equipo de diseño Design team

Yovanny Morales Santos

Año Year

2016-2017

Ubicación Location

Roma Sur,
Ciudad de México

Superficie del terreno Lot area

360 m²

Área construida Built area

1480 m²

Tipología Type

Vivienda Housing

Casas Houses

5

Fotografía Photography

Rodrigo García

Tlacotalpan 129

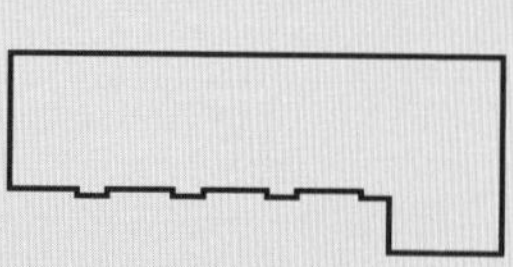

En los límites de la colonia Roma Sur, en la zona colindante con la colonia Del Valle, se concibe un proyecto opuesto a la oferta inmobiliaria de ambos barrios que consiste en desarrollos verticales de apartamentos, de entre cuatro y seis niveles de altura.

Se plantea un prototipo de pequeñas casas urbanas de tres y cuatro niveles, más congruentes con las construcciones de la zona. Las cinco viviendas resultantes se articulan por un patio lateral orientado al sur, que permite el asoleamiento constante. Las unidades se replican en serie para conservar el bloque vertical que las divide y les da privacidad.

Los ojos de los cubos de escaleras funcionan como tiros de extracción para propiciar la ventilación natural y dirigir el aire caliente hacia afuera en el nivel superior de cada casa.

Hacia la calle, una vivienda de tres niveles se apropia del frente, se alinea a las colindancias laterales y aprovecha los árboles para filtrar sus vistas. Un juego de vanos abocinados en diferentes medidas y posiciones dibuja una secuencia vertical de sólidos y vacíos, pliegues y despliegues en los que se proyectan sombras y reflejos. El portón y el retranqueamiento marcan el acceso al predio y componen la única fachada reconocible desde el exterior, que da la apariencia de ser sólo una vivienda, lo que fortalece el concepto de la casa unifamiliar.

At the borders of the Roma Sur neighborhood, in the area adjacent to the Del Valle district, a project is being conceived standing out from the real estate offer within both neighborhoods, consisting of vertical apartment buildings of four and six stories high.

A prototype of small urban houses of three and four floors is proposed, more congruent with the constructions of the area. The five resulting houses are articulated by a south-facing courtyard that allows constant sunlight. The units are replicated in a row to maintain the vertical block that divides them and gives them a sense of privacy.

The stairwell eyes act as vents to promote natural ventilation and direct warm air to the upper level of each home.

Toward the street, a three-story house takes over the front, aligning with the side bordering and using the trees to filter views. A series of angled openings of various sizes and positions draws a vertical sequence of solids and spaces, folds and unfolds, into which shadows and reflections are projected. The gate and the setback mark the entrance to the property and form the only recognizable façade from the outside, giving the impression that it is just one house, reinforcing the concept of a single-family home.

131

129

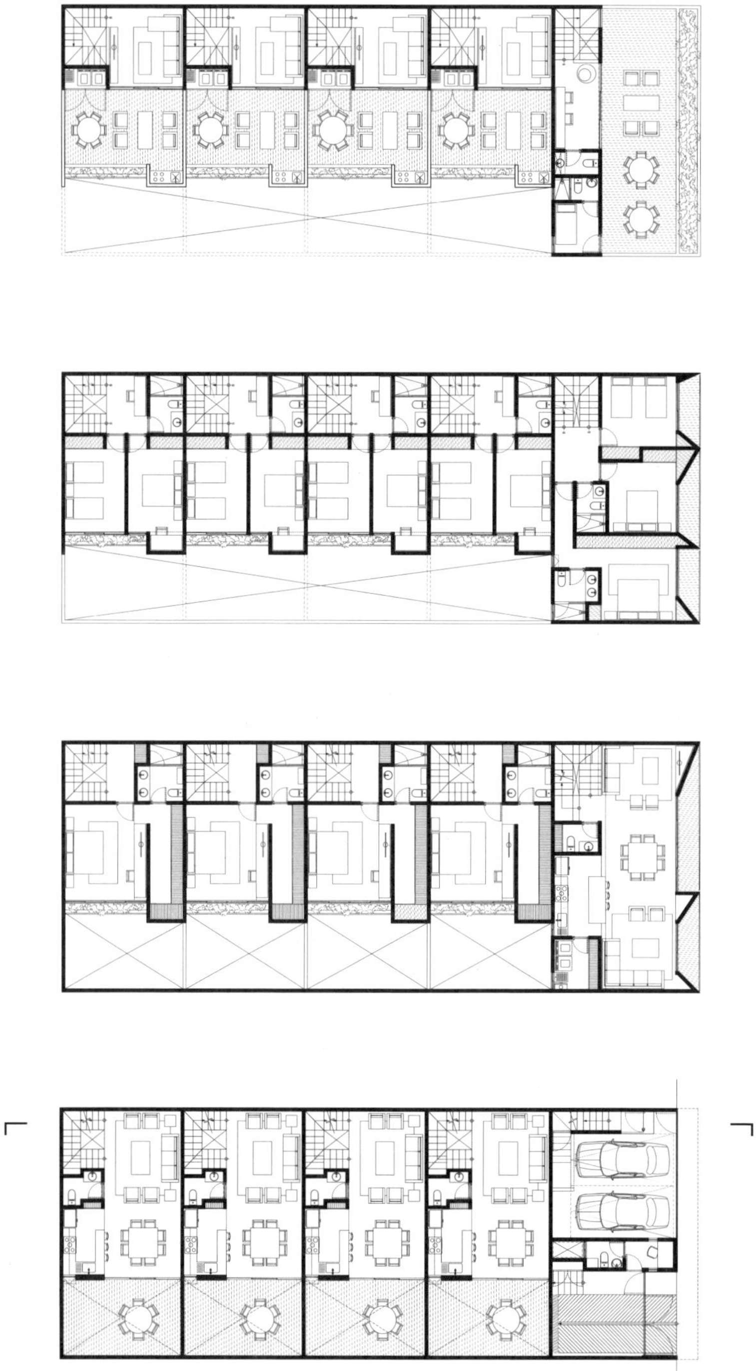

Terraza	Roofgarden
Segundo nivel	Second level
Primer nivel	First level
Planta baja	Ground floor plan

0 5m

Sección Section

Proyecto arquitectónico Architectural project

FRB Arquitectos:
Faustino Ruiz
Rafael Braun

Equipo de diseño Design team

Daniel Samson
Emilio Cohen
Brenda Vazquez
Francisco Villalón

Año Year

2016-2017

Ubicación Location

Roma Norte,
Ciudad de México

Superficie del terreno Lot area

551 m^2

Área construida Built area

1750 m^2

Tipología Type

Vivienda + comercio
Housing + commercial

Departamentos Apartments

12

Local comercial Retail space

1

Fotografía Photography

Jaime Navarro

Córdoba 188

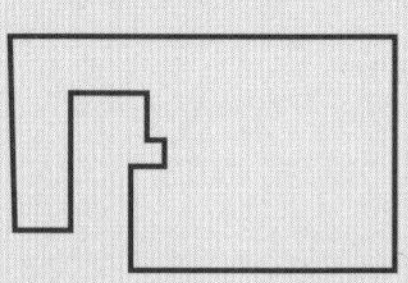

El proyecto consiste en un conjunto habitacional de 12 viviendas y un local comercial. El reto principal fue trabajar en un predio con una casa que data de la década de 1950, declarada patrimonio por el Instituto Nacional de Bellas Artes. El esquema del proyecto atiende dos premisas principales: respetar la casa catalogada y dialogar con sutileza con el contexto de la calle y la colonia.

El edificio residencial, privado, se empujó hacia el interior del predio para preservar el patio original. La primera crujía de la casa se convierte en un local comercial, público, y es la puerta de acceso al conjunto. Este gesto logra la conexión funcional del programa, que respeta la cinta urbana de la calle, mientras que el patio articula el proyecto y el vestíbulo de los departamentos.

El desplante del edificio se eleva seis niveles, con dos unidades cada uno, separadas por el área de circulación vertical. La estructura es de muros de concreto armado con acabado aparente. El diseño de celosías de madera de la fachada funciona como un velo que da privacidad a la vivienda y filtra la incidencia solar del poniente. La preexistencia y el edificio nuevo respetan los lenguajes propios de su época. La celosía de madera los vincula y permite que dialoguen en un espacio que cumple las necesidades del mercado inmobiliario emergente de la zona.

The project consists of a housing complex of 12 homes and a commercial space. The main challenge was to work on a property with a house from the 1950s, which was declared a heritage site by the National Institute of Fine Arts.

The scheme of the project has two main premises: respect for the listed building and a delicate dialog with the context of the street and the neighborhood.

In order to preserve the original courtyard, the private residence was moved inside the property. The first bay of the house becomes a public commercial space and is the access door to the complex. This gesture achieves the functional connection of the program, which respects the urban strip of the street, while the courtyard pronounces the project and the lobby of the apartments.

The building rises on six levels, each with two units separated by the vertical circulation area. The structure is made of reinforced concrete walls with apparent finish. The wooden lattice design of the façade acts as a veil, providing privacy to the house and filtering the sun from the west. Both the existing building and the new one respect the languages of the time. The wooden lattice work unites them allowing them to engage in a dialog in a space that responds to the needs of the emerging real estate market in the area.

Planta tipo Typical plan
Planta baja Ground floor plan

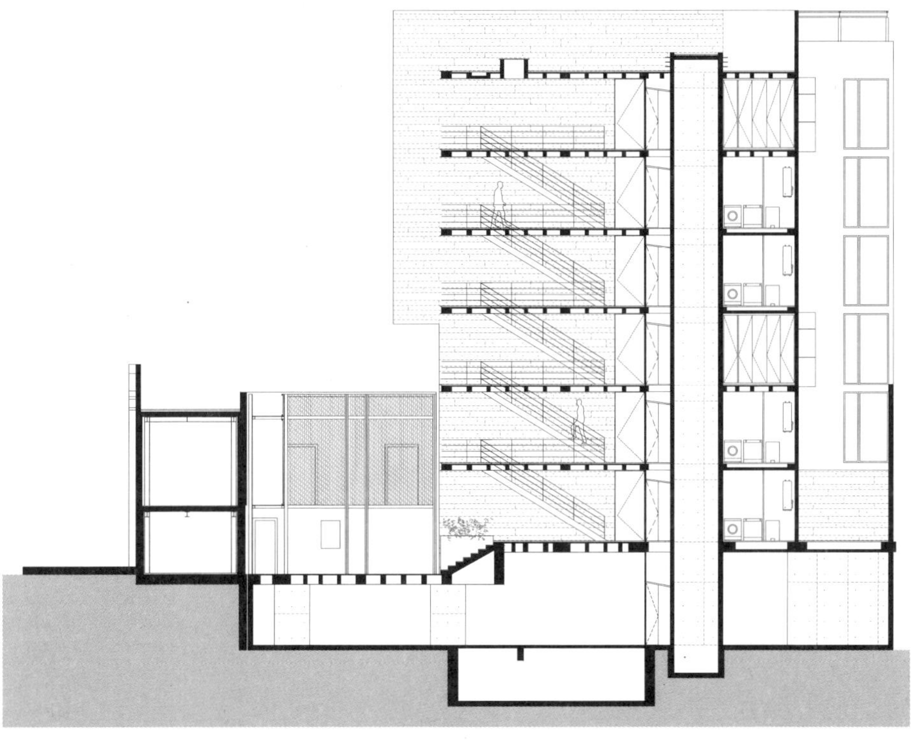

Sección Section

Proyecto arquitectónico Architectural project

KOZ Architectes + tallerdea:
Christophe Ouhayoun
Nicolas Ziesel
René Caro
Jesús López

Equipo de diseño Design team

Gabrielle Trejo
Alejandro León
Andrea Cano
Daniel Benítez

Año Year

2016-2017

Ubicación Location

Moderna,
Ciudad de México

Superficie del terreno Lot area

582 m^2

Área construida Built area

6 677 m^2

Tipología Type

Vivienda + comercio
Housing + commercial

Departamentos Apartments

52

Local comercial Retail space

1

Fotografía Photography

Onnis Luque

Tlalpan 590

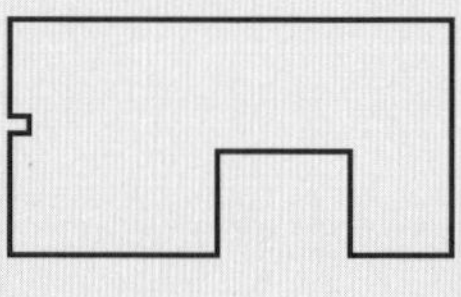

Tlalpan 590 es el resultado de una colaboración entre dos jóvenes oficinas de arquitectura de México y Francia, que trabajaron con audacia y energía de la mano de una desarrolladora que invierte en arquitectura por una ciudad mejor. El proyecto se localiza en una esquina frente a la calzada de Tlalpan, cerca de la estación del metro Xola.

El proyecto consiste en dos torres ultradelgadas, una construida con ladrillos y la otra cubierta por una malla metálica de color blanco. En la fachada lateral, la malla pierde su uniformidad. Sus formas lúdicas reflejan la diversidad de las tipologías de los departamentos en una trasposición vertical de la inventiva formal del barrio que genera 12 posibilidades para 52 departamentos.

La estructura del edificio permite la mezcla de tipologías en unidades de uno y dos niveles, con un tamaño de 60 a 70 m^2, dos y tres recámaras, y espacios amplios de sala-comedor que extienden sus dimensiones hacia los balcones. Las vistas insertan la vivienda en el paisaje proyectado a la distancia.

La planta baja se eleva por encima del nivel de banqueta para dar privacidad y crear una sección extra para uso comercial, con acceso a través de un patio inglés, que modera el impacto de la actividad de la calle. Los accesos se disponen en la calle secundaria: los automóviles y bicicletas bajan por rampas hacia los sótanos, y los peatones entran por una escalera hacia un patio central. Las circulaciones verticales y los corredores, delimitan el patio, que da iluminación y ventilación natural al edificio, al mismo tiempo que constituye un punto de encuentro y convivencia.

Tlalpan 590 is the result of an interesting collaboration between two young architectural studios, one from Mexico and the other from France, who worked with courage and energy, hand in hand, with a developer company who invests in architecture for a better city. The project is located on a corner facing the *calzada de Tlalpan*, near the *Xola* subway station.

Tlalpan 590 consists of two ultra-slender towers, one built of brick and the other covered in white metal mesh. On the lateral façade, the mesh loses its uniformity. Its playful forms reflect the diversity of housing typologies in a vertical transposition of the neighborhood's formal inventiveness, generating 12 possibilities for 52 apartments.

The extremely rational structure of the building permits a mix of typologies in one-and two-story units, ranging in size from 60 to 70 m^2, with two and three bedrooms and spacious living and dining areas that spread their dimensions to the balconies. The views insert the house in the landscape projected in the distance.

The first floor is raised above the sidewalk level to provide privacy and create an additional section for commercial use, accessed through an English courtyard that softens the impact of street activity. The accesses are arranged on the secondary street: cars and bicycles go down ramps to the basements, and pedestrians enter through a staircase to a central courtyard. The vertical circulation and corridors, delimit the courtyard, which provides natural lighting and ventilation to the building, and at the same time constitutes a meeting and conviviality point.

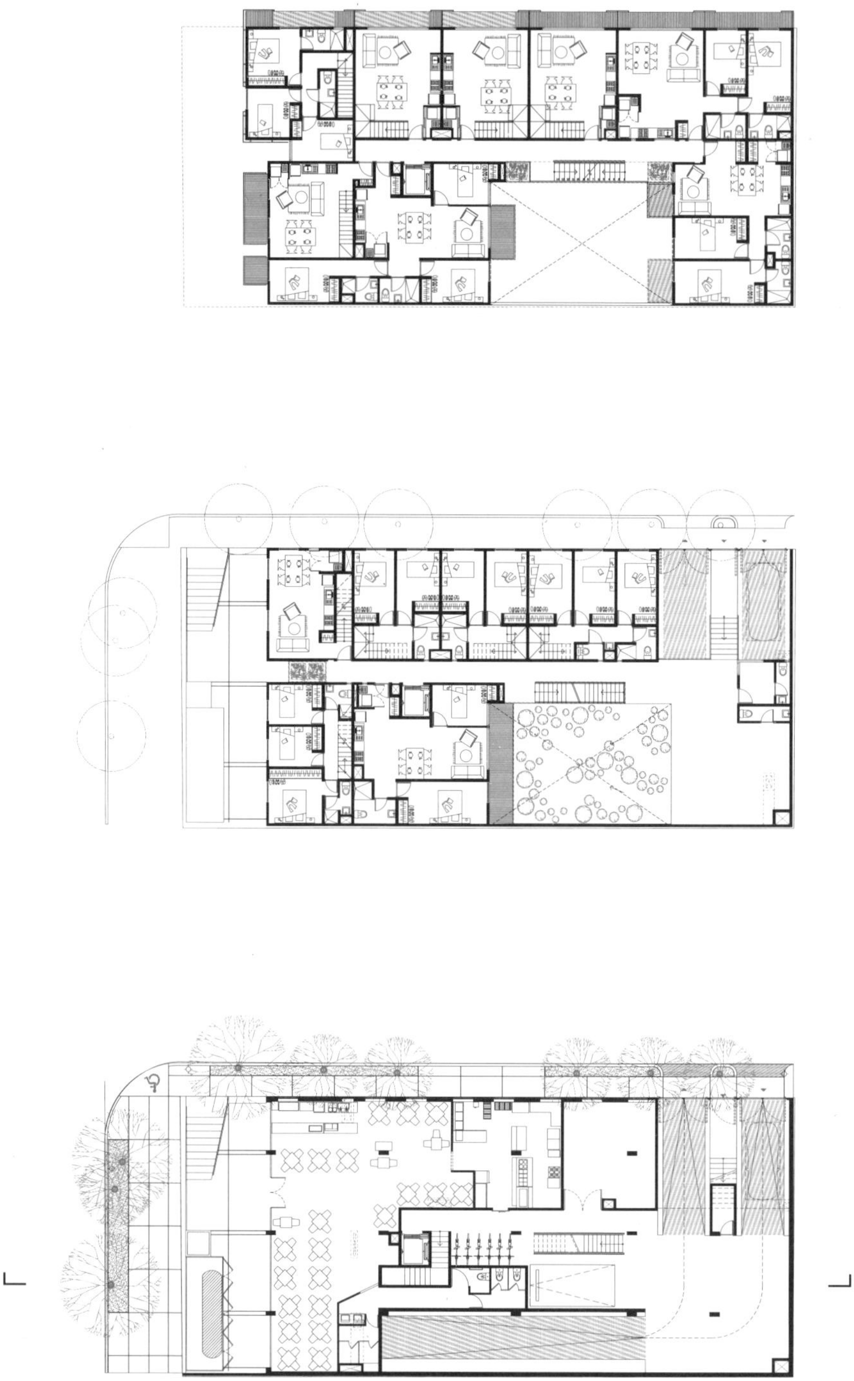

Segundo nivel Second level
Primer nivel First level
Planta baja Ground floor plan

0 5m

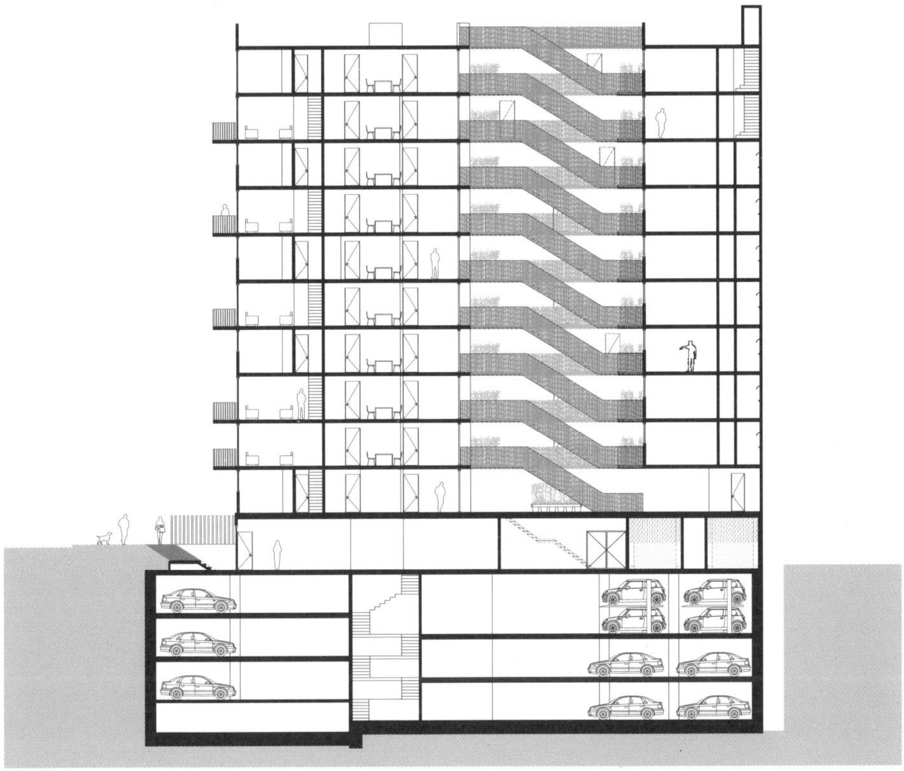

Sección Section

Proyecto arquitectónico Architectural project

Rojkind Arquitectos + VOX arquitectura

Equipo de diseño Design team

Michel Rojkind
Gerardo Salinas
Agustín Pereyra
Mauricio García Cué
Carlos Albarrán Ríos
Christian Luce Dickinson
Jorge Cejudo

Mobiliario Furniture

Esrawe

Año Year

2017-2018

Ubicación Location

Buenavista,
Ciudad de México

Superficie del terreno Lot area

355 m²

Área construida Built area

2 037 m²

Tipología Type

Vivienda + comercio
Housing + commercial

Departamentos Apartments

15

Local comercial Retail space

1

Fotografía Photography

Jaime Navarro
Rodrigo García

Guerrero 108

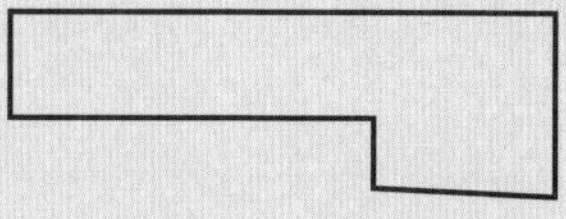

Como parte de un programa de regeneración social, el proyecto se concibe como un desarrollo de vivienda económica en los límites del tejido urbano del Centro Histórico de la Ciudad de México. El edificio se desplanta en un predio medianero profundo y de poco frente en la colonia Guerrero, delimitado por una avenida de alto tránsito vehicular, una vecindad y una casona porfiriana catalogada por el Instituto Nacional de Bellas Artes.

Para contrarrestar la profundidad del terreno, el proyecto se despliega en forma de L. Se genera un gran patio interior que es un reflejo de la casona vecina y permite la iluminación, el asoleamiento y las vistas de las viviendas interiores sobre el horizonte de la avenida Paseo de la Reforma.

La fachada exterior limita su altura con un remetimiento que da lugar a una terraza intermedia a la altura de la copa de los árboles y alinea el volumen a las construcciones preexistentes, en particular la casa vecina. El desarrollo reúne varias tipologías de vivienda de uno, dos y tres niveles, para diversificar la oferta y enriquecer la comunidad que lo habita.

Para la envolvente del edificio se utilizó tabique cerámico vidriado de acabado aparente y bajo costo, que permitió concentrar los recursos económicos en el interior de las viviendas. Los dos colores de los tabiques se mezclan en gradiente y dan al edificio el toque alegre que lo caracteriza.

As part of a social revitalization program, the project is designed as an affordable housing development on the edge of an urban fabric of Mexico City's historic center. The building is located on a deep, flat lot in the Guerrero neighborhood, bordered by a busy avenue, a neighborhood, and a Porfirian mansion listed by the National Institute of Fine Arts.

The project is deployed in an L-shape to counteract the depth of the terrain. It creates a large courtyard that mirrors that of the neighboring house, allowing light, sunlight and views of the interior apartments over the horizon of Paseo de la Reforma Avenue.

The exterior façade limits its height with a recessing element that creates an intermediate terrace at the level of the tree canopy and aligns the volume with the existing buildings, particularly the neighboring house. The development brings together several housing typologies of one, two and three levels, in order to diversify the offer and enrich the community that inhabits it.

Inexpensive glazed ceramic partitions with an apparent finish were used for the building cover, allowing economic resources to be focused on the interior of the apartments.

The two colors of the partitions are mixed in gradient tones and give the building the cheerful touch which characterizes it.

602

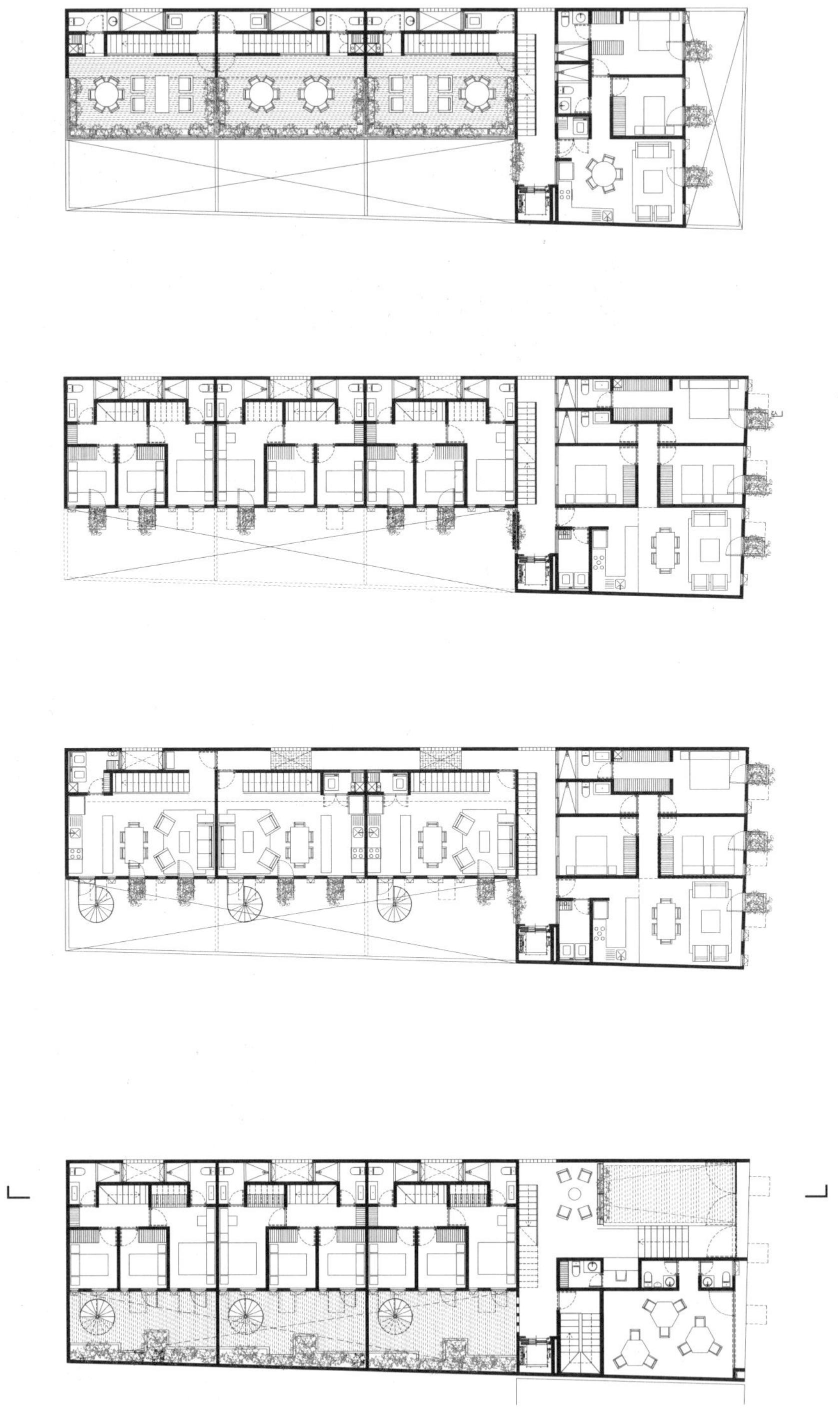

Séptimo nivel Seventh level
Tercer nivel Third level
Segundo nivel Second level
Planta baja Ground floor plan

0 5m

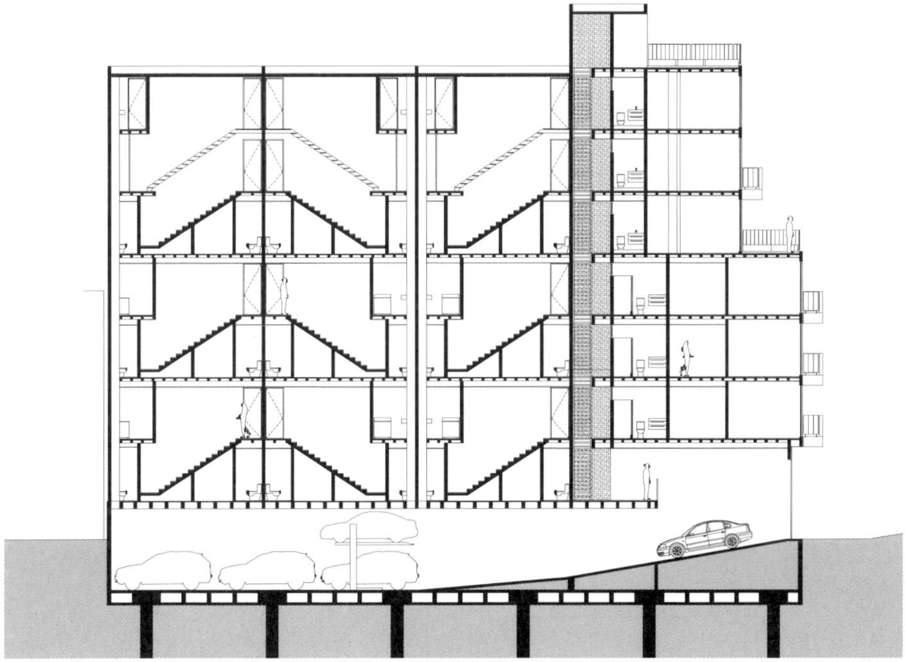

Sección Section

Proyecto arquitectónico Architectural project

Frida Escobedo

Equipo de diseño Design team

Carlos Hernández
Valentina Merz
Javier Rocamonde
Antonio Zarco
Ruy Berumen
Héctor Arce

Año Year

2018-2019

Ubicación Location

Popotla,
Ciudad de México

Superficie del terreno Lot area

400 m^2

Área construida Built area

2 405 m^2

Tipología Type

Vivienda Housing

Departamentos Apartments

9

Fotografía Photography

Rafael Gamo

Mar Tirreno 86

El proyecto se origina como respuesta al típico proyecto residencial en vertical, con balcones estrechos e ineficaces como extensiones. Se propone la estrategia de plegar hacia adentro estos espacios para crear patios privados. El resultado es una serie de casas verticales que juega con los grados de intimidad por medio de patios y la celosía de la fachada.

Las viviendas se entrelazan tanto en planta como en sección para alcanzar las mejores condiciones de iluminación natural y privacidad. Cada unidad es completamente diferente a las otras, pero se unifican por la serie de patios privados, el corredor de entrada principal y la fachada de bloques de concreto, que funciona como un velo o piel que cubre todo el edificio y se convierte en celosía para enlazar el interior y el exterior sin comprometer la intimidad.

El corredor de la entrada principal evoca las vecindades mexicanas y crea una zona de interacción para los habitantes. Como en la casa-patio tradicional, toda la actividad de los hogares se produce alrededor de los patios, reservados e introspectivos.

The project answers to the typical vertical housing proposal, with narrow and inefficient balconies as extensions. The strategy projected to fold these spaces to the inside in order to create private courtyards. The result is a series of vertical houses that play with intimacy through courtyards and gridded façades.

The apartments are intertwined in both plan and section, providing the best conditions for natural light and privacy. Each unit is completely different, but they are connected to the others by a series of private courtyards, the main entrance corridor, and the concrete block façade, wich acts as a veil or skin thats covers the entire building and becomes a grid that connects the interior and exterior without compromising privacy.

The main entrance corridor evokes mexican *vecindades* and creates a zone of interaction for the inhabitants. As in the traditional courtyard house, all household activity takes place around the reserved and introspective courtyards.

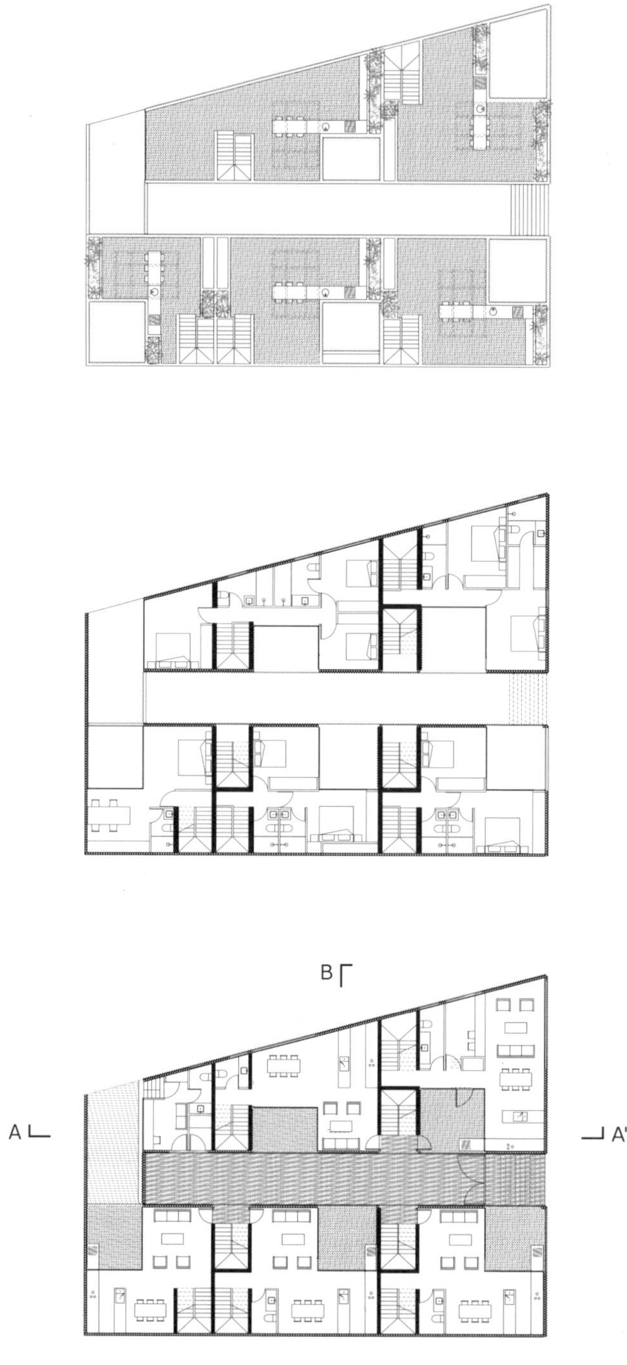

Terraza Roofgarden
Primer nivel First level
Planta baja Ground floor plan

0 5m

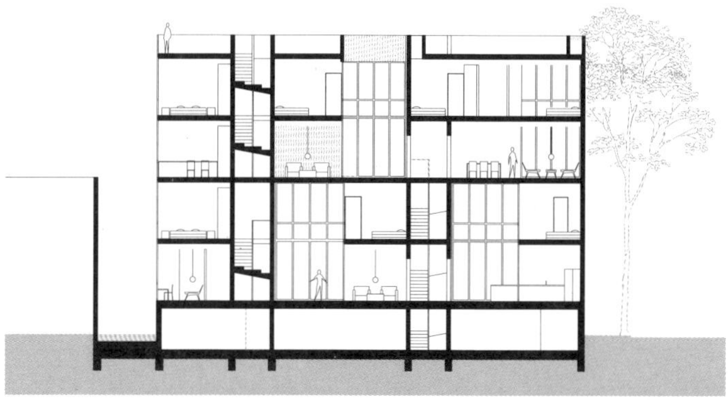

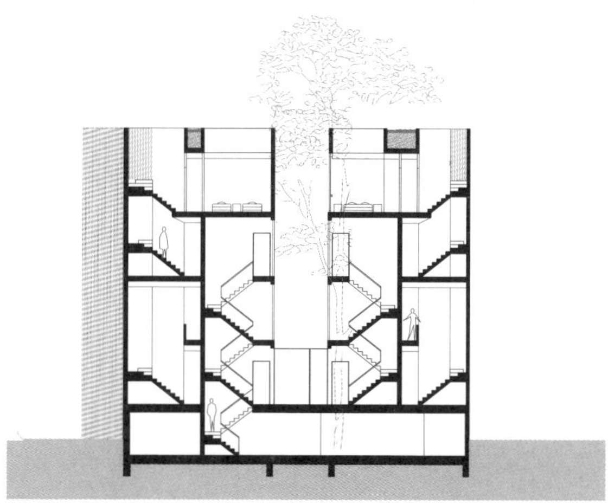

Sección A-A' Section A-A'
Sección B-B' Section B-B'

Proyecto arquitectónico Architectural project

Fernanda Canales

Equipo de diseño Design team

Alberto García Valladares
Angélica Vizcarra
Julio Romero Santamarina
Cristina García del Valle
Karen Frieventh Cienfuegos
María Fernanda Hinojosa Adalid

Año Year

2018-2019

Ubicación Location

Narvarte Poniente,
Ciudad de México

Superficie del terreno Lot area

776 m²

Área construida Built area

2 600 m²

Tipología Type

Vivienda + comercio
Housing + commercial

Departamentos Apartments

21

Local comercial Retail space

1

Fotografía Photography

Rafael Gamo
Sandra Pereznieto

Concepción Béistegui 1812

El proyecto comprende 21 departamentos de seis tipos, desarrollados en tres niveles, con una serie de patios y espacios de usos múltiples. El edificio se desplanta en dos predios que forman una L, unidos en su parte trasera, con frentes hacia calles perpendiculares. Esta disposición poco común, con dos fachadas muy estrechas y dos cuerpos angostos que se unen al fondo, dio paso a un proyecto con patios que se abren a las viviendas para proporcionarles un mejor asoleamiento, ventilación cruzada y sentido de amplitud. Las unidades varían en disposición y dimensiones –desde 40 hasta 70 m^2–, algunas son dúplex y todas tienen balcón, terraza o un patio pequeño.

La obra reinterpreta el modelo de vecindad y genera alternativas para acceder a los departamentos desde pasillos, patios y terrazas comunes, en una secuencia de recorridos y espacios exteriores que busca recrear un sentido de barrio.

La techumbre dentada permite que la luz natural ingrese a las unidades del nivel superior. El diseño del conjunto entre medianeras no se reduce a las fachadas frontales: en su lado más largo y menos visible presenta el reto de abrir las viviendas en cuatro y hasta cinco sentidos.

The project consists of 21 apartments of six types, settled on three levels, with a series of courtyards and multipurpose spaces. The building is located on two parcels of land that form an L-shape and are joined at the back, with the fronts facing the streets at right angles. This unusual layout, with two very narrow façades and two narrow bodies that meet at the back, resulted in a project with courtyards that open onto the apartments to give them better sunlight, cross-ventilation and a sense of space. The units vary in layout and size –from 40 to 70 square meters– some of them are duplexes and all of them have a balcony, a terrace or a small *patio*.

The work reinterprets the *vecindad* (as “neighborhood house” in a literal translation that consists of various homes arranged around a courtyard or shared open corridor) model and generates alternatives for accessing the apartments from common corridors, *patios* and terraces, in a sequence of routes and outdoor spaces that seeks to recreate a sense of neighborhood.

The indented roof allows natural light to enter the units on the upper level. The design of the complex between the party walls is not limited to the front façades: on its longest and least visible side, it presents the challenge of opening the housings in four and even five directions.

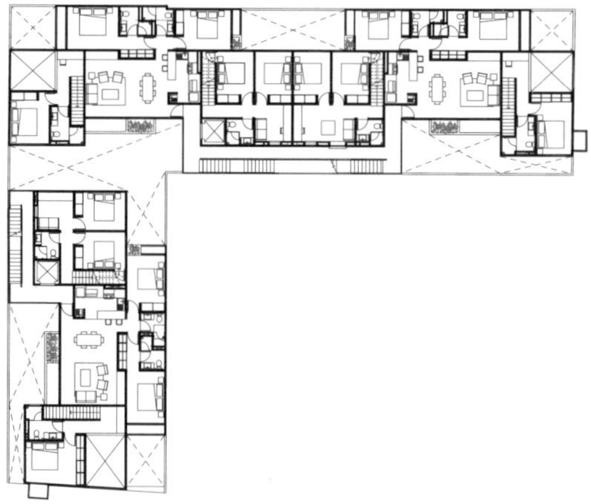

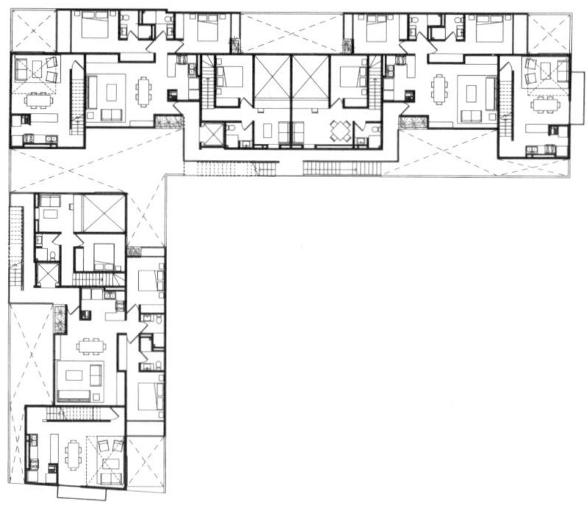

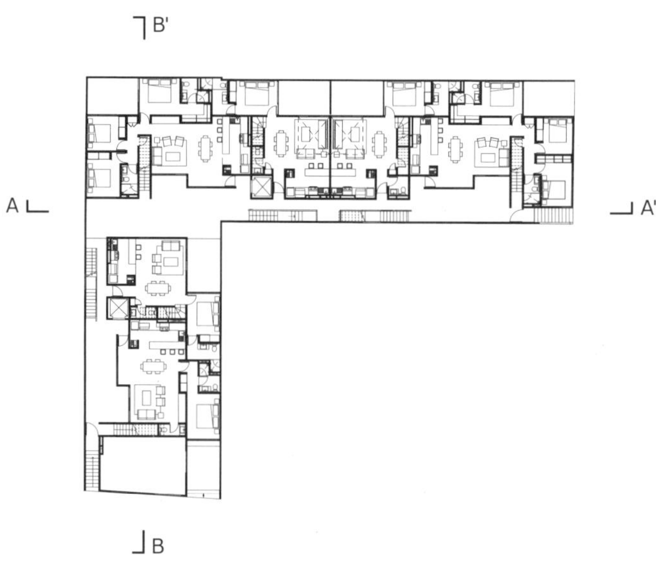

Segundo nivel Second level
Primer nivel First level
Planta baja Ground floor plan

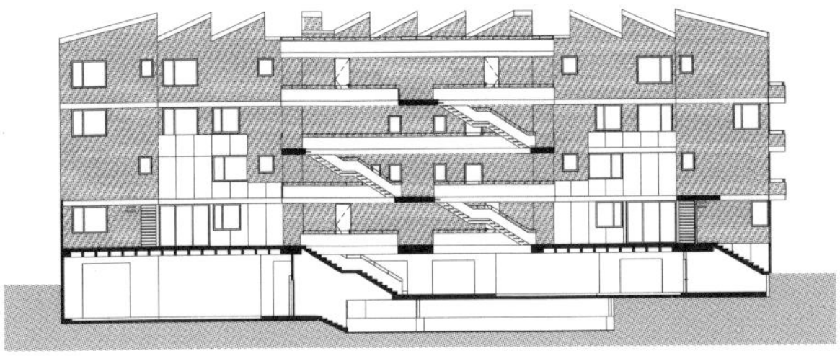

Sección A-A' Section A-A'
Sección B-B' Section B-B'

Proyecto arquitectónico Architectural project
VOX arquitectura

Equipo de diseño Design team
Mauricio García Cué
Carlos Albarrán Ríos
Christian Luce Dickinson

Año Year
2020-2021

Ubicación Location
Del Valle Centro,
Ciudad de México

Superficie del terreno Lot area
395 m^2

Área construida Built area
1125 m^2

Tipología Type
Vivienda + comercio
Housing + commercial

Departamentos Apartments
7

Local comercial Retail space
1

Fotografía Photography
Rodrigo García

Aniceto Ortega 604

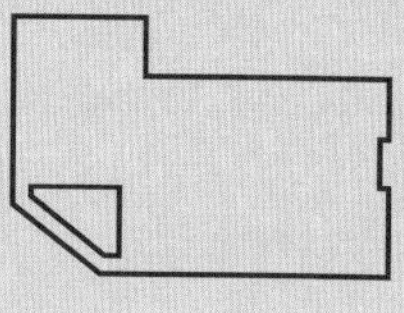

El proyecto se resuelve en un predio en esquina que potencia las vistas exteriores por su geometría y da la posibilidad de contar con un gran patio interior de uso común, que provee ventilación e iluminación natural a una parte del programa.

Un volumen norte y otro poniente se alinean con sus calles respectivas. Una serie de puentes y escaleras conecta ambos cuerpos y ofrece una dinámica lúdica de circulación exterior por los balcones para acentuar el pancupé, típico de la colonia, que genera un atrio de acceso peatonal de cuatro alturas. Las conexiones y circulaciones exteriores, así como la materialidad y las texturas, hacen referencia formal a la unidad Pompeia del centro cultural del Serviço Social do Comércio, de Lina Bo Bardi, y la Fundação Iberê, de Álvaro Siza.

El núcleo de circulaciones verticales ocupa una caja traslúcida y ventilada de celosía de concreto. La escalera metálica presenta y distribuye los accesos a las viviendas, dos por nivel, con un programa arquitectónico pensado para la vida en familia. Los departamentos del último piso tienen acceso directo a las terrazas superiores. El tratamiento exterior se logra con concreto colado en sitio con una cimbra texturizada, que genera un juego constante de sombras durante el día.

The project is resolved in a corner lot that enhances the exterior views due to its geometry and gives the possibility of having a large interior courtyard for common use, which provides ventilation and natural lighting to part of the program.

A north and a west volume are aligned with their respective streets. A series of bridges and staircases connect the two bodies, offering a playful dynamic of external circulation through the balconies to accentuate the *pancoupe*, a typical touch of the neighborhood, creating a four-story pedestrian access atrium. The external connections and circulations, as well as the materiality and textures, formally refer to the Pompeia unit of Lina Bo Bardi's Serviço Social do Comércio and Álvaro Siza's Fundação Iberê.

The core of the vertical circulation is a translucent and ventilated concrete grid box. The metal staircase presents and distributes the accesses to the apartments, two on each level, with an architectural program that is designed for the life of the family. The top floor apartments have direct access to the upper terraces. The exterior proposal is achieved with cast-in-place concrete and a textured formwork, creating a constant play of shadows during the day.

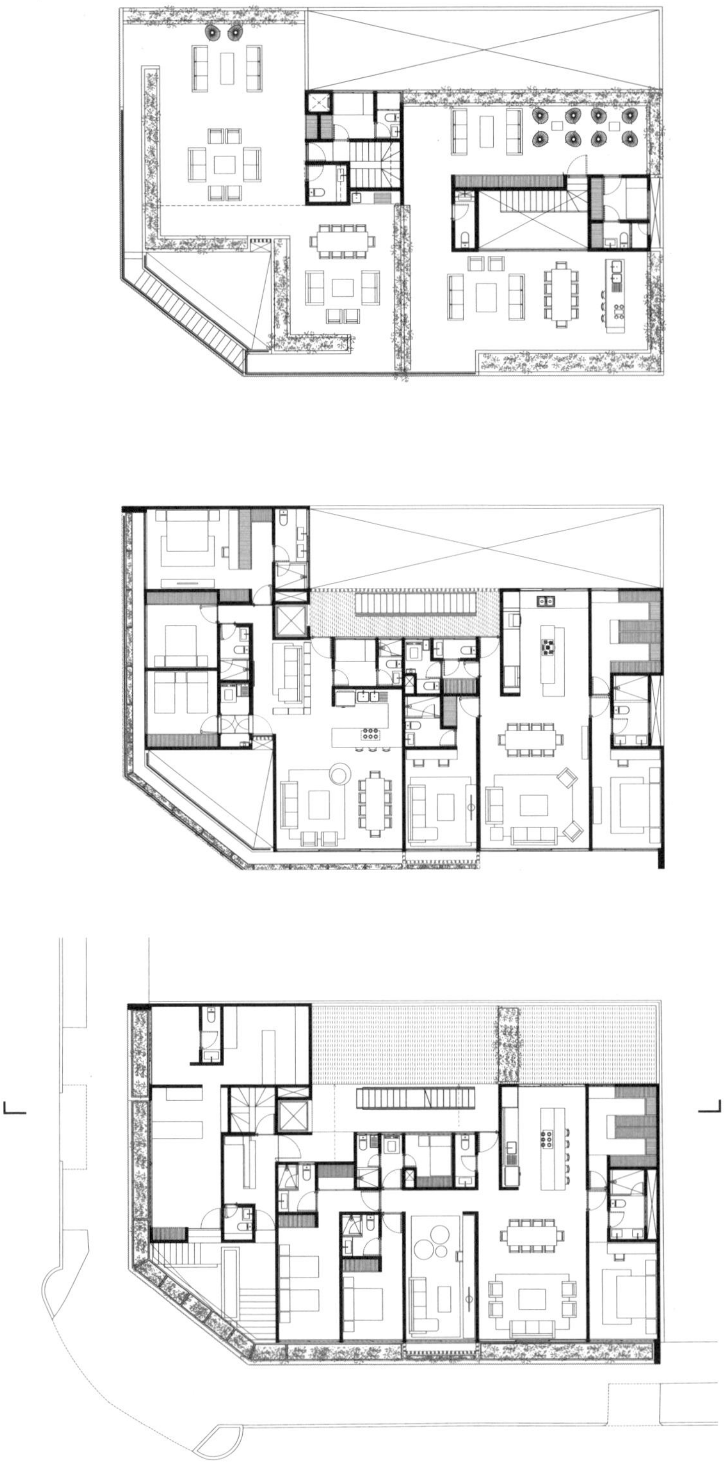

Terraza	Roofgarden
Segundo nivel	Second level
Planta baja	Ground floor plan

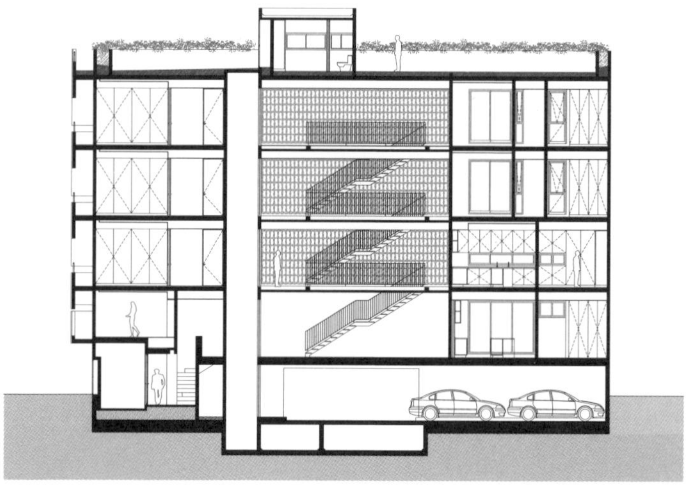

Sección Section

Proyecto arquitectónico Architectural project

Zeller & Moye:
Christoph Zeller e Ingrid Moye

Equipo de diseño Design team

Sohum Bagaria
Giovanna Conversano
Hüseyin Eryigit
Alejandro Jaimes
Marion Kohler
Omar G. Muñoz
Eduardo Palomino

Año Year

2020-2021

Ubicación Location

Santa María la Ribera,
Ciudad de México

Superficie del terreno Lot area

300 m^2

Área construida Built area

1200 m^2

Tipología Type

Vivienda Housing

Departamentos Apartments

8

Fotografía Photography

Sergio López

Fresno 276

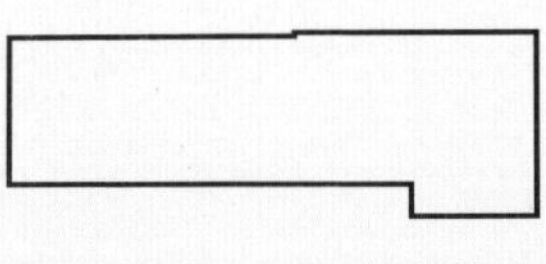

La vecindad es una tipología tradicional de vivienda de la Ciudad de México, con casas sencillas que miran hacia un patio lineal, se reinterpreta en un edificio de departamentos para familias jóvenes.

Se preserva la fachada de la construcción del siglo XIX, como un fragmento del pasado, se soporta por una estructura contemporánea a prueba de terremotos. El híbrido de las fachadas antigua y nueva revela la historia del lugar.

Inspirado por la vecindad precedente, el patio compartido es el corazón del desarrollo, un lugar comunal para que los vecinos se encuentren y los niños jueguen juntos.

Ocho departamentos se organizan en una formación lineal. Cada uno se diseña como una *townhouse*, configurado en tres niveles y una terraza común en la azotea. A su vez, las terrazas privadas permiten disfrutar de otras actividades al aire libre. Cada nivel se torna más privado que el anterior. Grandes ventanas orientadas al sur miran hacia el patio-jardín y el último nivel ofrece vistas panorámicas hacia el paisaje de techos del barrio.

Un ostentoso ahuehuete existente provee aislamiento acústico natural entre la transitada calle y los dos departamentos que ven al este en la fachada principal. El árbol crea una capa de privacidad, una cortina natural, que ofrece al mismo tiempo una atractiva vista desde el interior.

Un jardín vertical cubre el muro de colindancia y protege el patio de los edificios adyacentes. Este fondo verde y tranquilo contrasta con el exuberante paisaje de la colonia.

The *vecindad* (as a Mexican architectural concept) is a traditional housing typology of Mexico City, with simple houses facing a linear courtyard, is reinterpreted in an apartment building for young families.

The façade of the 19th century building is preserved as a fragment of the past, supported by a contemporary earthquake-resistant structure. The hybrid of old and new façades discloses the history of the site.

Inspired by the preceding *vecindad* concept, the shared courtyard is the heart of the project, a communal place for neighbors to meet and children to play together.

Eight apartments are arranged in a linear formation. Each is designed as a townhouse on three levels with a common roof terrace. At the same time, the private terraces allow the habitants to enjoy other outdoor activities. Each level is more private than the last. Large south-facing windows overlook the courtyard garden, and the top level offers panoramic views of the neighborhood rooftops.

An existing, magnificent *ahuehuete* tree provides natural sound insulation between the busy street and the two east-facing apartments. The tree creates a layer of privacy, a natural curtain, while providing an attractive view from the inside.

A vertical garden covers the adjacent wall, shielding the courtyard from the neighboring buildings. This green and tranquil setting contrasts with the lush landscape of the neighborhood.

DODGE

276

276

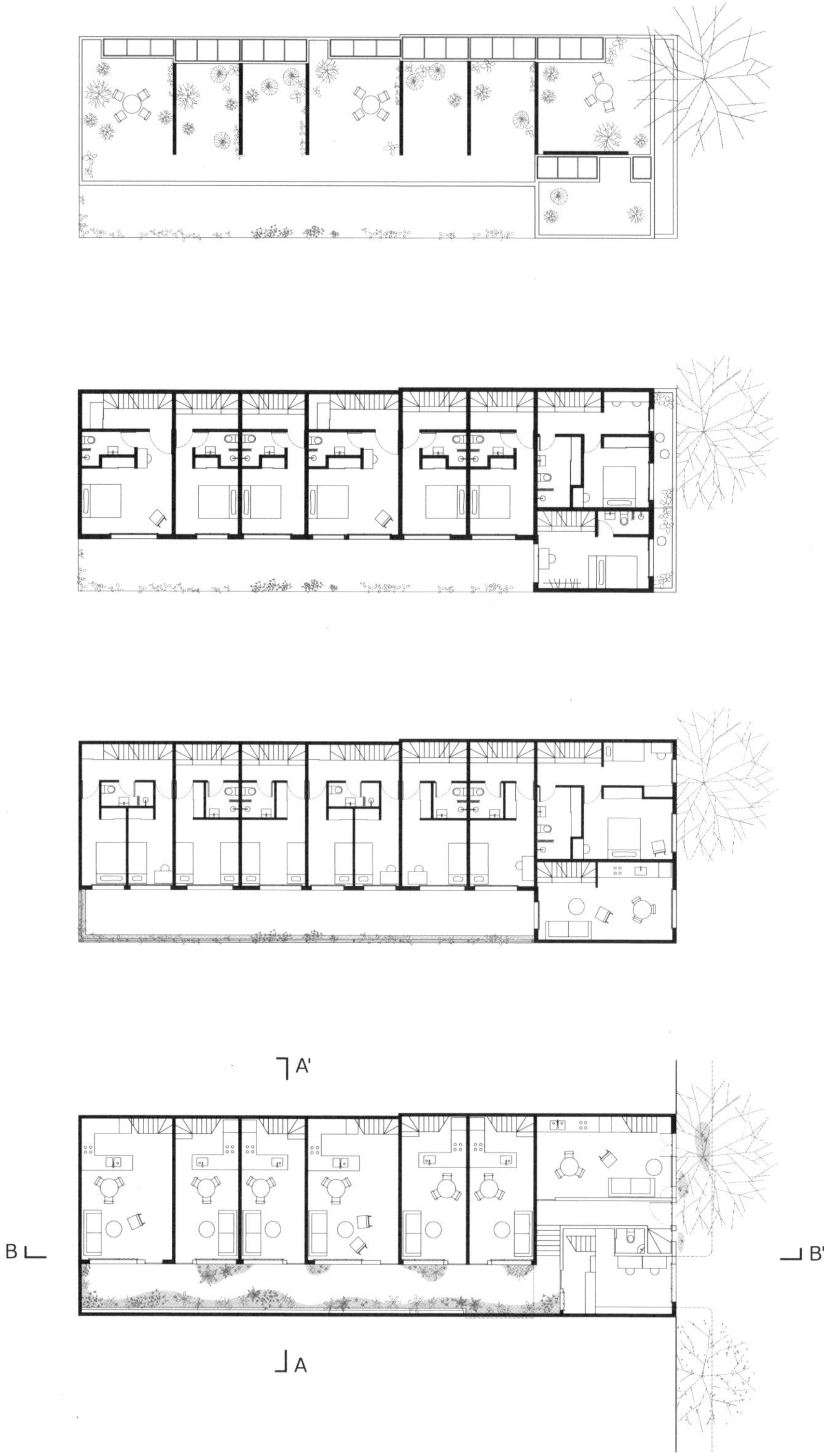

Terraza Roofgarden
Segundo nivel Second level
Primer nivel First level
Planta baja Ground floor plan

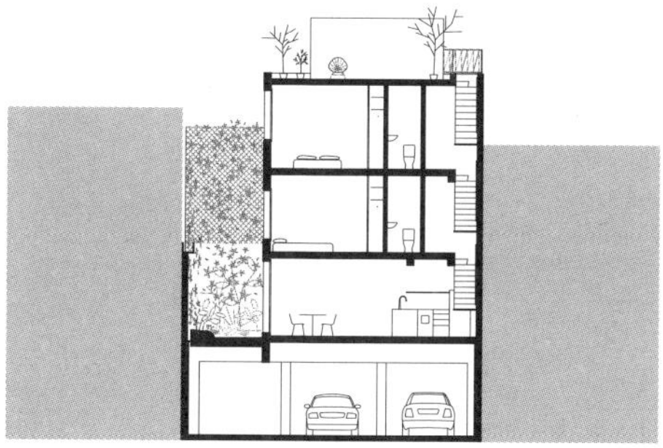

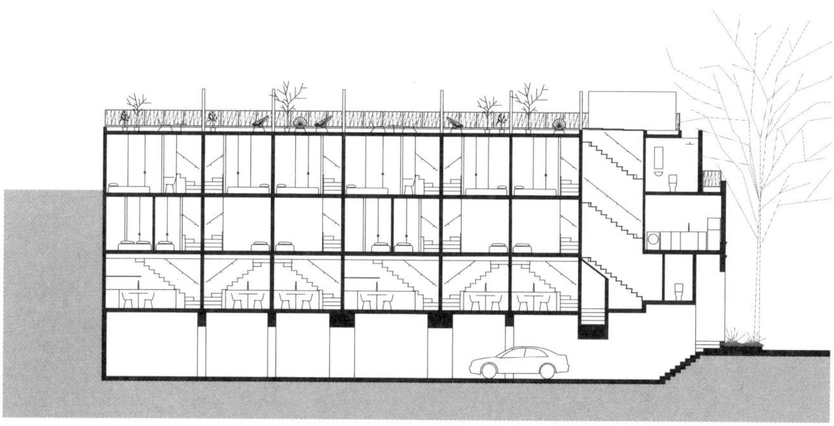

Sección A-A' Section A-A'
Sección B-B' Section B-B'

Proyecto arquitectónico Architectural project

JSª
Aisha Ballesteros
Benedikt Fahlbusch
Javier Sánchez

Equipo de diseño Design team

Carlos Mar
Héctor Guayaquil
Ricardo García
Isabel Piña
Elías Rizo

Año Year

2023

Ubicación Location

Americana,
Guadalajara

Superficie del terreno Lot area

1114 m^2

Área construida Built area

4 025 m^2

Tipología Type

Vivienda Housing

Departamentos Apartments

32

Fotografía Photography

Lorena Darquea

Zuno 2195

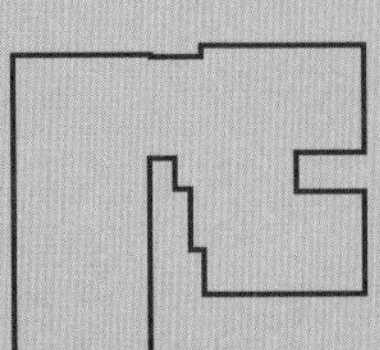

Zuno 2195 (Del Bosque, Urban Living) promueve la conectividad con la colonia Americana, en Guadalajara. Se procuró una intervención que se insertara en la escala del barrio y sus edificaciones inmediatas. Se aprovecha la condición de esquina al invertir el esquema tradicional de una planta baja hermética y establecer una conexión espacial y visual con una zona que interactúa con el peatón.

La volumetría y las intenciones de la fachada se amoldan a las condiciones del contexto con fisonomía fraccionada por medio del tratamiento de sólidos y vacíos que dotan de escala al edificio. El escalonamiento se trabaja a partir de una cintilla que enmarca el primer nivel y aparenta un plano en el que se asientan dos volúmenes para romper el convencionalismo de una sola masa. La integración de un tono y materialidad del concreto expresa la idea de unidad y honestidad, además de restar elementos innecesarios.

El edificio se desplanta en un predio irregular de 1114.50 m^2. El área libre de 377.92 m^2, equivalente a 33.91% del predio, se divide en patios que añaden habitabilidad de calles y miradores internos, y abren el edificio hacia su paisaje inmediato. El proyecto consta de dos sótanos de estacionamiento y seis niveles por encima de la banqueta. Hacia la calle Simón Bolívar, la altura es de 17.46 m con retranqueo de 5 m y entrepiso posterior de 3.24 m, lo que da un total de 20.7 m. Hacia la calle José Guadalupe Zuno se presentan seis niveles en la fachada y en la parte posterior se aumenta uno, de acuerdo con la altura permitida con base en la diagonal desde paramento de 52°. Este volumen ofrece una altura total de 23.94 m.

Zuno 2195 (Del Bosque, Urban Living) promotes connectivity with the Americana neighborhood area in Guadalajara. It was conceived as an intervention that would be inserted into the scale of the neighborhood and its immediate buildings. It is benefited by the corner location as reversing the traditional scheme of a hermetic first floor, creating a spatial and visual connection with an area that interacts with the pedestrian.

The volumetry and the intentions of the façade are molded to the conditions of the context with a fractioned physiognomy, all through the treatment of solids and open spaces giving scale to the building. The staggering is based on a band that frames the first level and looks like a plane on which two volumes are placed to break the conventionalism of a single mass. The integration of a concrete tone and materiality expresses the idea of unity and honesty, in addition to the subtraction of unnecessary elements.

The building is located on an irregular site of 1,114.50 m^2. The open area of 377.92 m^2, which represents 33.91% of the site, is divided into courtyards that make the streets and internal views more livable as well as opening the building to the surrounding landscape. The project consists of two parking basements and six levels above the sidewalk. Towards Simón Bolívar Street, the height is 17.46 m with a 5 m setback and a 3.24 m rear mezzanine, giving a total of 20.7 m. Facing José Guadalupe Zuno Street, the façade has six levels and one is raised at the back, according to the allowed height based on the diagonal of the 52° wall. This volume offers a total height of 23.94 m.

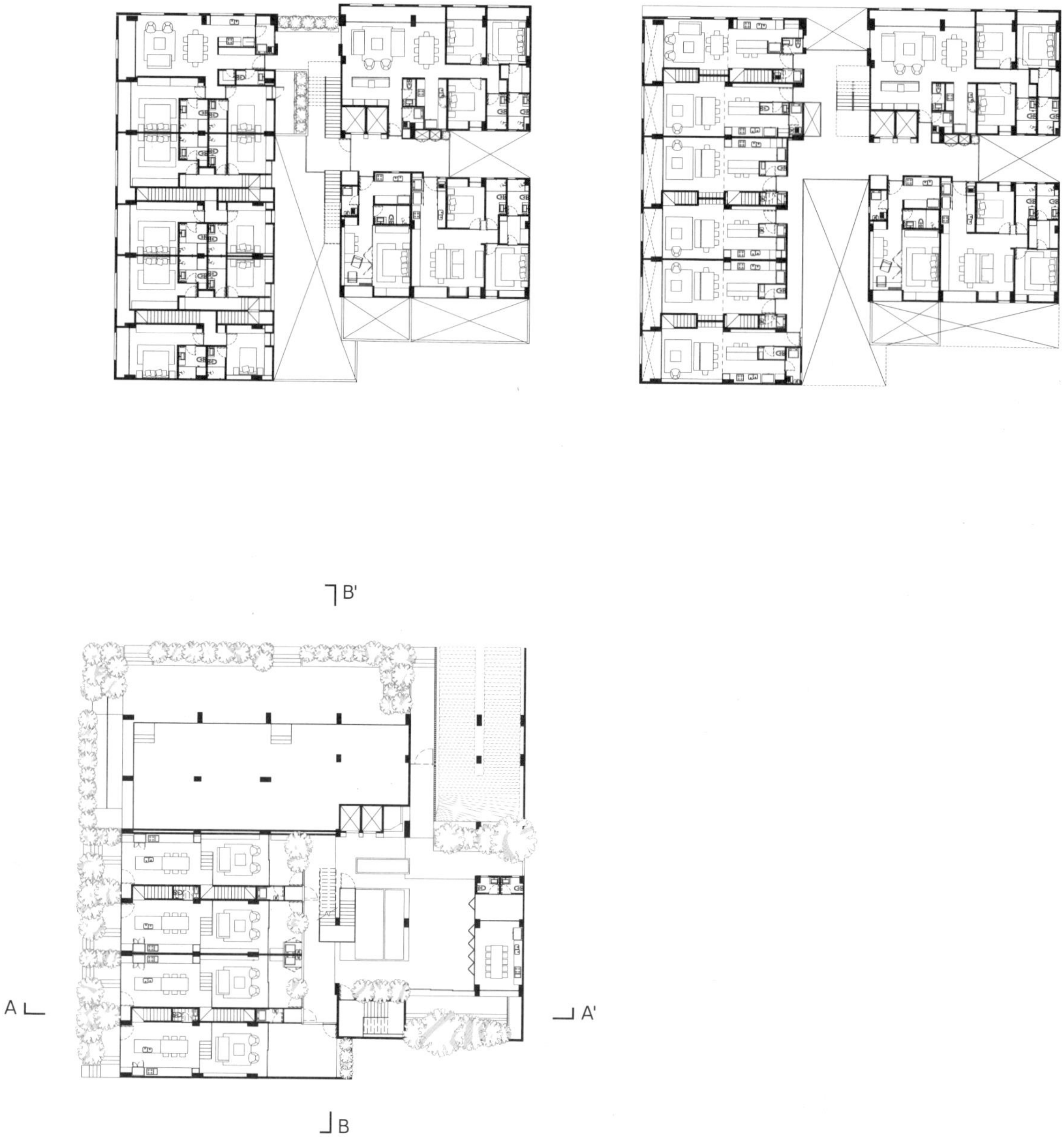

Segundo nivel	Second level
Primer nivel	First level
Planta baja	Ground floor plan

0 10m

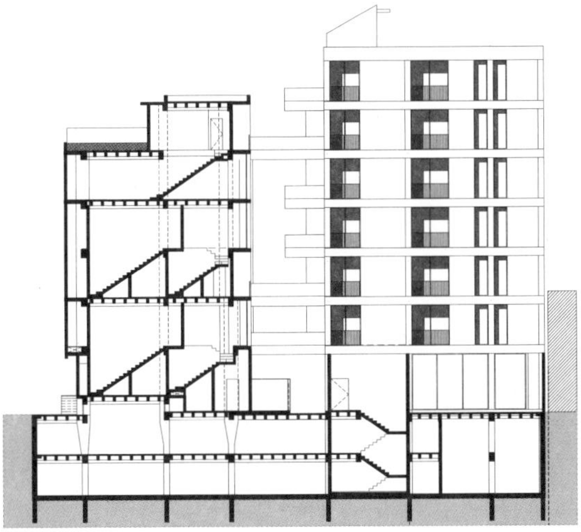

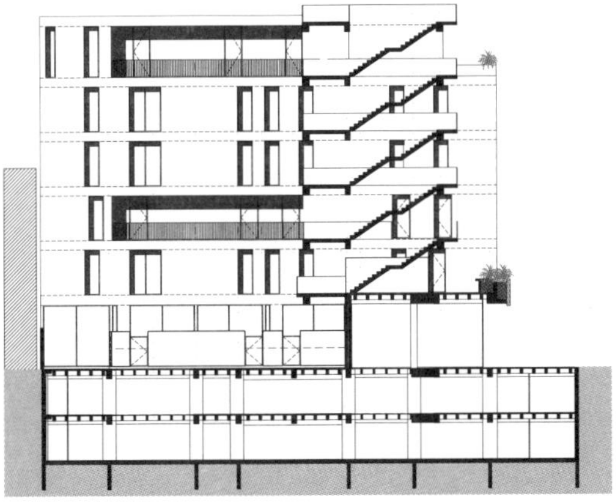

Sección A-A' Section A-A'
Sección B-B' Section B-B'

Proyecto arquitectónico Architectural project

Colonnier Arquitectos

Equipo de diseño Design team

Jean Michel Colonnier
Alex Granados
Daniel García
Ana Fernanda Rodríguez
Orlando Navarrete
Kelly Valentierra
Diego Juárez

Año Year

2023

Ubicación Location

Roma Norte,
Ciudad de México

Superficie del terreno Lot area

747 m²

Área construida Built area

2 955 m²

Tipología Type

Comercio + oficinas
Commercial + offices

Fotografía Photography

Jaime Navarro

Sinaloa 215

Sinaloa 215 es un proyecto de oficinas ubicado en la colonia Roma, en la Ciudad de México. Destaca por su enfoque de creación de espacios de trabajo funcionales y eficientes que se adaptan a su entorno. El edificio consta de una planta baja de uso comercial, cuatro pisos de oficinas y un *roof garden*. Cada nivel incorpora terrazas, espacios clave para la convivencia social y laboral al aire libre y el acceso a ventilación natural.

Como resultado de las nuevas formas adaptativas de uso social y colaborativo que fomentan el bienestar laboral, las oficinas están diseñadas para funcionar como espacios abiertos con mobiliario cómodo y amigable.

Sinaloa 215 representa una nueva generación de oficinas que combina diseño arquitectónico de vanguardia y un ambiente de trabajo productivo y agradable. El proyecto busca establecer un estándar elevado en la creación de entornos laborales inspiradores y eficientes.

Sinaloa 215 is an office building project located in the Roma neighborhood of Mexico City. The building consists of a commercial ground floor, four floors of offices and a roof garden. Each level includes terraces, which are important spaces for socializing and working in the open air and for accessing natural ventilation.

As a result of new adaptive forms of social and collaborative use that promote wellbeing at workplace, offices are designed to function as open spaces with comfortable and friendly furniture.

Sinaloa 215 represents a new generation of offices that combine state-of-the-art architectural design with a productive and comfortable work environment. The projects aims to set a high standard for creating inspiring and efficient work environments.

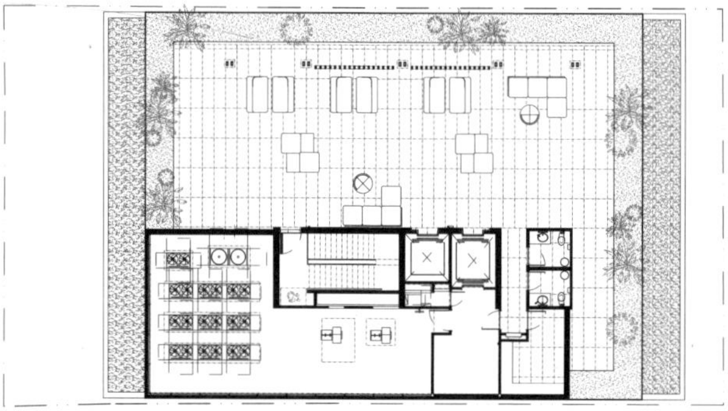

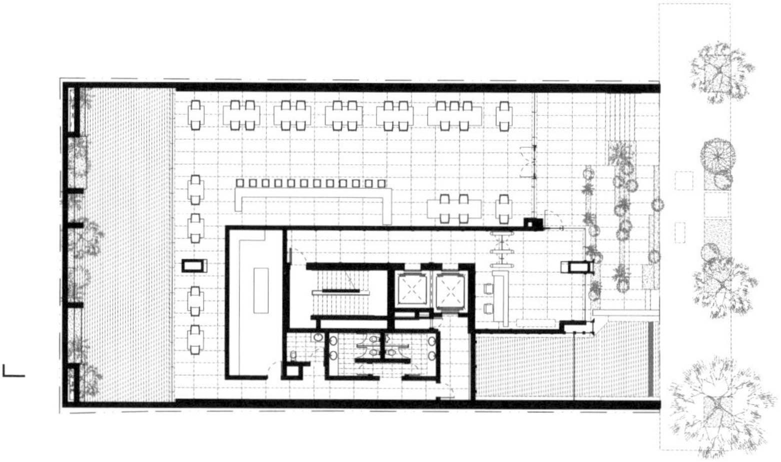

Terraza Roofgarden
Planta tipo Typical plan
Planta baja Ground floor plan

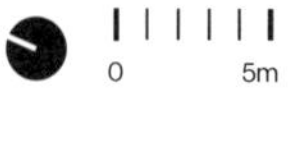

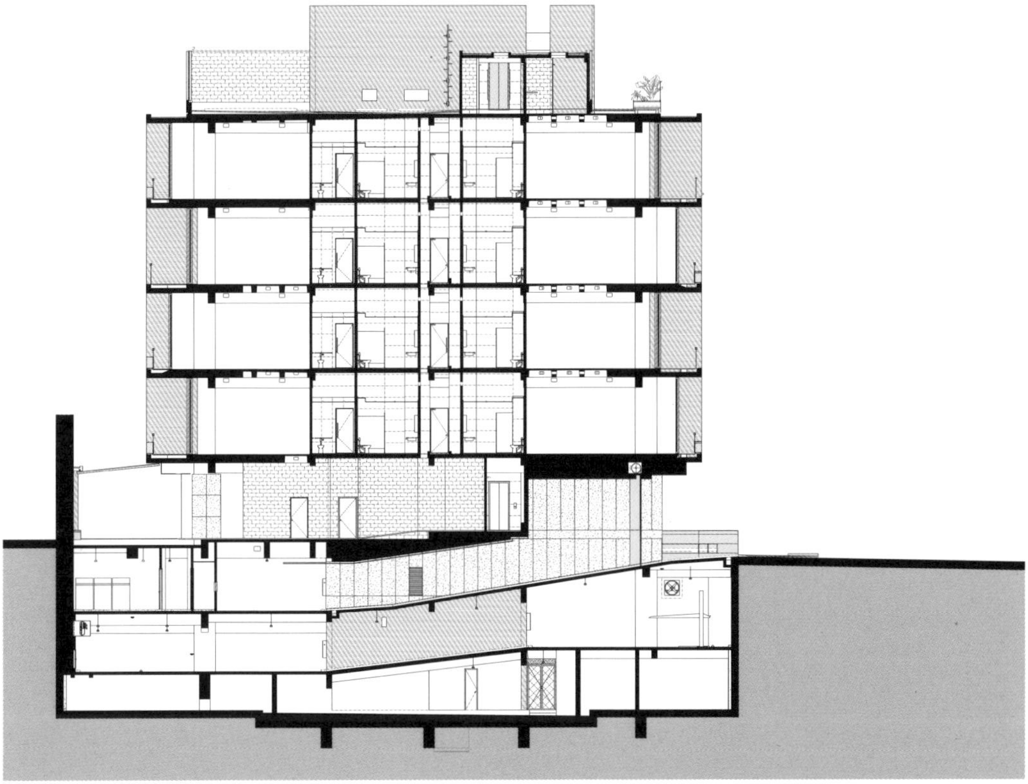

Sección Section

Acerca de Welt
About Welt

Es una empresa fundada por Jaime Báez, Pablo Pruneda y Santiago Vacas en 2007. Está enfocada en el desarrollo de proyectos de vivienda para todos los segmentos sociales.

Is a company founded by Jaime Báez, Pablo Pruneda and Santiago Vacas in 2007. It is aimed at the development of housing projects for all social segments.

Jaime Báez (1973)

Estudió la licenciatura en derecho en la Universidad Nacional Autónoma de México y se graduó en 1999. Cursó la maestría en política y gobierno de América Latina en la Universidad de Essex, en el Reino Unido (2000-2001), y las especialidades en derecho inmobiliario (2007) y desarrollo inmobiliario en el Instituto Tecnológico Autónomo de México (2008). De 2003 a 2012 se desempeñó como director jurídico en empresas como Casas Geo, en la Ciudad de México; FADESA, en México, y Abilia, antes BCBA Impulse, donde se involucró directamente en el desarrollo de vivienda y algunos proyectos comerciales, de oficinas, vivienda y segunda residencia. En Welt es responsable del área jurídica, a cargo de nuevos negocios y comercialización.

He studied law at the Universidad Nacional Autónoma de México and graduated in 1999. He holds a master's degree in Latin American politics and government from the University of Essex in the United Kingdom (2000-2001), and specialties in real estate law (2007) and real estate development from the Instituto Tecnológico Autónomo de México (2008). From 2003 to 2012 he served as Legal Director in companies such as Casas Geo, in Mexico City; FADESA, in Mexico; and Abilia, formerly BCBA Impulse, where he was directly involved in the development of residential and some commercial, office, housing and second home projects. At Welt, he is responsible for the legal department, new business and marketing.

Pablo Pruneda (1971)

Estudió la carrera de Derecho en la Universidad Nacional Autónoma de México, formando parte de la generación 1991-1995. Posteriormente cursó las especialidades de posgrado en Derecho Civil, en la Universidad de Salamanca, España (2002) y el diplomado de Estrategia y Planeación para la Inversión Inmobiliaria en México, en el Instituto Tecnológico Autónomo de México (2008-2009). Desde 1997 trabaja como abogado en la Notaría 155 de la Ciudad de México y desde 1999 a la fecha ha sido profesor titular de las asignaturas "Acto Jurídico y Personas", "Bienes", "Contratos Civiles", "Obligaciones" y "Sucesiones" en la Facultad de Derecho de la Universidad Nacional Autónoma de México, ganando la oposición de ésta última en 2012. Ha publicado diversos artículos e impartido conferencias de derecho inmobiliario y condominal.

He studied law at the Universidad Nacional Autónoma de México, forming part of the 1991-1995 generation. Later he took postgraduate courses in Civil Law, at the University of Salamanca, Spain (2002) and the Diploma Course in Strategy and Planning for Real Estate Investment in Mexico, at the Instituto Tecnológico Autónomo de México (2008-2009). Since 1997, he has worked as an attorney at Notary Public 155 in Mexico City, and since 1999 he has been Tenured Professor of Legal Affairs and Human Resources, Civil Law, In the Faculty of Law of the Universidad Nacional Autónoma de México, winning the opposition of the latter in 2012. He has published several articles and lectures on real estate and condominium law.

Santiago Vacas (1975)

En la actualidad, por gusto y desarrollo personal, trabaja en un proyecto de agroturismo rural ecológico en León, España, en el que involucra arquitectura y diseño con principios básicos de agricultura ecológica y granja sostenible. Es egresado de ingeniería industrial, en la Universidad Nacional Autónoma de México. Extendió su preparación académica con la maestría en administración de empresas en la Universidad de Deusto, España, además de especialidades en administración de proyectos y la maestría en tecnologías de información en el Instituto Tecnológico Autónomo de México (2008). De 2003 a 2014 pasó por el área corporativa de Casas Geo, en la Ciudad de México, Grupo LAR y AYYA Inmobiliaria, en particular en administración, desarrollo y gestión de proyectos inmobiliarios. En Welt está a cargo de la administración de proyectos y finanzas, y coordina el área de arquitectura.

He is currently working on a rural ecological agrotourism project in León, Spain, for fun and personal development. The project combines architecture and design with the basic principles of ecological agriculture and sustainable farming. He is a graduate in industrial engineering from the Universidad Nacional Autónoma de México. He continued his academic preparation by obtaining a Master's Degree in Business Administration from the University of Deusto, Spain, specializing in Project Management, as well as a Master's Degree in Information Technology from the Instituto Tecnológico Autónomo de Mexico (2008). From 2003 to 2014 he worked in the corporate area of Casas Geo, in Mexico City, Grupo LAR and AYYA Inmobiliaria, particularly in administration, development and management of real estate projects. At Welt, he is in charge of project management and finance, and is the coordinator of the architecture department.

Gracias a todos los que han participado en este emprendimiento llamado Welt: socios, inversionistas, clientes, proveedores y todos los involucrados indirectamente.
Un agradecimiento especial a Wendy Jaqueline Herrera Mendoza por su apoyo incondicional en las buenas, en las malas y en las muy malas.

Thanks to everyone who has participated in this venture called Welt: partners, investors, customers, suppliers and all those indirectly involved.
Special thanks to Wendy Jaqueline Herrera Mendoza for her unconditional support in good times, bad times, and very bad times.

Desarrolladora Welt II
Primera edición, 2025
First edition
ISBN 978 607 8880 29 4

Dr. Lucio 181
Doctores, 06720
Ciudad de México
www.arquine.com

Textos Texts
© Miquel Adrià
© Jaime Báez

Las memorias descriptivas son cortesía de los autores.
The project descriptions are courtesy of the authors.

Director Director
Miquel Adrià

Dirección editorial Editorial director
Brenda Soto

Coordinación editorial Editorial manager
Ana Luz Valencia

Diseño Design
María Marín de Buen
Yavanna Latapí
Regina Sierra
(Estudio María Marín de Buen)

Corrección de estilo Copy editing
Gwennhael Huesca

Traducción Translation
Lorena Carranco
TRADUKO

Preprensa Prepress
A. Andrés Monroy

WELT
DESARROLLADORA

Desarrolladora Welt II se terminó de imprimir y encuadernar en febrero de 2025 en Shenzhen TianHong Printing Company, en China. Para su composición se utilizó la familia tipográfica Articulat CF. Impreso en papel ChenMing blanco de 120 g. El tiraje consta de 1500 ejemplares.

Desarrolladora Welt II was printed and binded in February 2025 by Shenzhen TianHong Printing Company in China. The Articulat CF font family was used for its composition. Printed on 120 gsm ChenMing white paper. The print run was 1,500 copies.